U0588767

高中数学活动的设计与开展

陈永红
刘迪生　著
湛滔滔

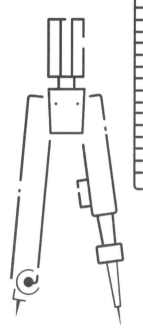

吉林人民出版社

图书在版编目（CIP）数据

高中数学活动的设计与开展 / 陈永红，刘迪生，湛

滔滔著. — 长春：吉林人民出版社，2019.12

ISBN 978-7-206-16640-2

Ⅰ.①高… Ⅱ.①陈… ②刘… ③湛… Ⅲ.①中学数

学课—教学设计—高中 Ⅳ.①G633.602

中国版本图书馆CIP数据核字（2019）第281699号

高中数学活动的设计与开展

著　　者：陈永红　刘迪生　湛滔滔　　　　封面设计：姜　龙

责任编辑：江　雪

吉林人民出版社出版发行（长春市人民大街7548号　　邮政编码：130022）

印　　刷：北京虎彩文化传播有限公司

开　　本：787mm×1092mm　　　1/16

印　　张：13.75　　　　　字　　数：248千字

标准书号：ISBN 978-7-206-16640-2

版　　次：2022年6月第1版　　印　　次：2022年6月第1次印刷

定　　价：45.00元

如发现印装质量问题，影响阅读，请与出版社联系调换。

第四章　高中数学活动案例

第五章　高中数学活动的设计方案参考

第一章

数学活动的概况

1

什么是数学活动

活动的英文是 activity，它的基本含义是做，也就是实践，在汉语词典中的解释为：为达到某种目的而采取的行动。在心理学研究的视角下对"活动"的定义是：由共同目的联合起来并完成一定社会职能的动作的总和。活动由目的、动机和动作构成，具有完整的结构系统。从定义上理解，"活动"具备两个特性：一是主体参与性，需有主体参与完成活动；二是目标指向性，有明确的活动目标，责任制，活动过程指向目标。活动是主体有意识地与客体互动的过程，主体通过活动认识客体。

众所周知，数学是在生产生活实践活动中产生的，华罗庚说，"宇宙之大，粒子之微，火箭之速，化工之巧，地球之变，生物之谜，日用之繁，无处不用数学。"例如，结绳计数、土地测量、历法制作、航海技术、天文观测、潮汐现象等现实活动和自然现象，最终都抽象出数量关系问题。数学中的很多概念也产生于生活实践，如向量的数量积是为了物理中力做功计算方便而引出的，数学期望是风险投资中策略方案选择的标准，正态分布是一种常见的统计现象，等等。数学的思想方法也同样在实践活动中可以得到体现，如数学归纳法与多米诺骨牌实验，反证法与辩论中使用的归谬技巧……数学与生活是紧密相连的，数学与生产活动是紧密联系的，数学与科技发展也是密切相关的。因此，高中数学的教学既要讲概念定理，也要讲概念定理形成的背景；既要讲逻辑推理，也要注重其生成过程；既要讲理论方法，也要有实践运用。也就是说，高中数学学习不能离开实践活动。

早在 2001 年版的《义务教育数学课程标准》就指出："教师应激发学生的学习积极性，向学生提供充分从事数学活动的机会，帮助他们在自主探索和合作交流的过程中真正理解和掌握基本的数学知识与技能、数学思想和方法，获得广泛的数学活动经验。"2003 年版的《普通高中数学课程标准》提出，"数学探究"与"数学建模"作为一种新的学习方式，在加强数学教育及数学课程的实践性、应用性方面逐渐得到了重视。而《普通高中数学课程标准（2017 年版)》更是明确提出，"数学建模活动与数学探究活动"是必修课程所包括的五个主题之一，有更加强烈的发展学生数学实践能力的倾向，"提升学生的数学素养，引导学生会用数学眼光观察世界，会用数学思维思考世界，会用数学语言表达世界。"在实践活动情境中感悟数学本质，在实践问题解决中提升数学素养是各数学核心素养培养中的共同要求。例如，对数学抽象素养，强调"能在情境中抽象出数学概念、命题、方法和体系，积累从具体到抽象的活动经验""养成在日常生活和实践中一般性思考问题的习惯"；对逻辑推理素养，强调"能够在比较复杂的情境中把握事物之间的关联，把握事物发展的脉络"；对几何直观素养，要求"构建数学问题的直观模型，探索解决问题的思路""形成数学直观，在具体的情境中感悟事物的本质"；对数学运算素养，不仅要求掌握运算法则，快捷、正确地求得结果，还要求"有效借助运算方法解决实际问题"；对数据分析素养，提出"增强基于数据表达现实问题的意识，形成通过数据认识事物的思维品质，积累依托数据探索事物本质、关联和规律的活动经验"。从数学课程标准的变化中可以看出，数学活动的要求越来越具体，越来越明确。

那么，什么是数学活动？

对于"数学活动"的概念界定，弗赖登塔尔认为："数学是人的一种活动，如同游泳一样，要在游泳中学习游泳，我们要在做数学中学习数学。"教师在"做数学"活动中更加强调学生要亲历知识的形成过程；在经历的过程中，更加重视"数学问题如何提出来？数学概念如何建立起来？数学结论如何得出来？"丁尔升认为，"数学活动"即把实际问题转化为数学问题，把数学问题逐级模式化，形成数学理论系统，从而形成数学能力和数学观点，获得数学素养。数学活动是人类和数学对象之间互动的过程，是人类对复杂的现实世界抽象概括、完善数学系统并进行数学应用的过程。数学活动从内容看具有形式性，从过程看具有经验性；数学活动从认识论的角度看包括实践操作和理论探究两方面；而斯托利亚尔从活动内容的角度认为："数学教学是数学活动的教学，数学活动可看作按下述模式进行的思维活动：①经验材料的数学组织化；②数学材料（第一阶段活动的结果中积累的）的逻辑组织化；③数学理论（第二阶段活动的结果中建立的）的应用。"

数学活动可以分为直接数学活动和间接数学活动。直接数学活动就是主体可以亲身经历参与的、可操作的活动，在中学阶段，是指学生通过实践操作、实验验证、模拟计算、实际调查分析等方法去解决实际问题或验证结果，或通过探究性学习研究未知的数学性质和规律。但是如果活动主体受到课堂时间、空间等客观条件的限制而不能直接进行操作，学生就只能利用教师的讲解和呈现，通过观察和想象来体验数学知识的形成过程，进行间接的数学活动。数学本身是高度抽象化和形式化的，更需要学生亲身去感受、体验和思考，用体验的方法去经历"数学化"，用创造的方法去经历"再创造"的活动过程，只有通过自己的思考和实践体验，建立起自我的数学知识体系和数学理解能力，才能真正理解抽象化和形式化的数学，才能真正学好数学。

高中阶段的学习，多数学生没有足够的知识储备，也没有自由的时间精力，达不到像数学专业的大学生研究数学和应用数学的高度，所以对于数学活动，我们不能定位太高，不能搞得过于深奥和复杂，我们首先要清楚数学活动的意义和目的。高中数学活动既是教学的形式，更是一种学习方式，目的是培养学生应用数学的能力，培养用数学观点和数学思维看待世界的有数学素养的人才。

基于以上观点，我们界定高中数学活动主要包含以下两种形式的活动：

一是理论探究活动，主要是对数学概念、定理的形成过程的探究活动，对数学性质的探究活动。比如，通过计算机实验研究三次函数的对称性，利用几何画板探索圆锥曲线的一些性质，通过实物制作培养空间想象能力，等等。

二是数学实践活动（数学建模活动），是数学知识在现实中的应用，利用数学知识和数学思想去分析和认识现实问题和解决问题，在现实生产生活中发现数学规律。比如，利用解三角形和立体几何等知识测量建筑物的高度，结合数列的知识方法研究存款贷款的实际问题，通过调查统计实践研究相关量的分析，等等。

数学活动的理论支撑

一、建构主义理论

用建构主义的观点看数学，数学是活的、动态的、开放的、表现是多维度的。建构主义强调知识的学习是一个建构的过程，不是被动接受知识，而是知识的主动建构，学生是学习的主人，学习的过程是学生以已有知识和经验为基础，主动建构内部心理表征的过程。建构过程是双向性的；一方面借助已有的经验和知识建构新信息；另一方面是利用情境、协作、会话等学习环境要素，实现对所学知识的意义建构。建构主义认为，数学活动是"做数学"的过程，在活动过程中体验知识的产生过程，在"做"中理解数学，建构自己的知识体系。

二、人本主义学习理论

人本主义学习理论认为，学习是个人潜能、人格和自我的充分发展，是一种感性与理性、身体与心灵交融汇集的全面活动，是学生在相当大的范围内自行选择学习材料、自行安排适合自己的学习情境的一种自主自觉、自我实现、自我发展的过程。人本主义学习理论还认为，学习要了解学习过程，对经验始终持开放态度，并把它们结合进自己的变化过程中。而数学活动的学习方式符合人本主义的学习理论，学生通过自主选题，选择自己感兴趣的问题，在活动过程中发现问题和解决问题，从而实现自主学习、自我实现、自我发展。

三、多元智能理论

加德纳的多元智能理论将学生置于一个动态的、开放的学习环境中，为学生提供多元的、综合的学习机会，让学生通过认识、体验、发现、探究、操作等多种学习和活动方式来开发自身的多元智能，并养成良好的个性品质。数学活动是课堂教学的延伸，给学生提供一个多元的、开放的学习活动的平台，让学生在活动中去体验知识的形成，探究和发现数学规律，达到培养学生综合素质的目的的学习方式。

四、"再创造"理论

弗赖登塔尔认为，模型是不可缺少的中介，用它把复杂的现实或理论理想化或简单化，从而更易于进行形式化的数学处理。他的"再创造"的数学教育思想也强调：学习数学唯一正确的方法是实行再创造，教师的任务是引导和帮助学生去进行这种再创造的工作，而不是把现成的知识灌输给学生。数学发展的历程应在个人身上重现，但不是机械地重复。从数学发展的历程来看，这是符合人类认知规律的。数学实质上是人们常识的系统化，每个学生都可能在一定的指导下，通过自己的实践来获得这些知识。所以我们应遵循这样的原则，那就是数学教育必须以"再创造"的方式来进行。长期以来，数学教育大都把结论直接告诉学生，没有让学生亲历这些结论的形成过程。为使学生真正理解数学，教师应该创设适当的活动，让学生在实践的过程中自己"再创造"出各种运算法则，或是发现有关的各种规律。学生的"再创造"不是指发明创造新的理论，而是对学生目前未知的知识的探索，在探索中实现思维方式的创造，这种获得知识的方式才不会禁锢学生的思维。

五、数学活动论

数学活动论的核心观点是："我们不应将数学等同于数学活动的最终产物，特别是各个具体的结论与公式等，而应更加关注相应的创造性活动。"① 数学活动论认为，数学是人类的一项创造性活动，学习数学不能只学习活动的最终成果和结论，而应该再次经历数学知识创造的过程。通过数学活动的开展，让学生在体验数学知识的创造的过程中体会数学思维和数学思想，通过数学活动的开展，让学生体验用数学眼光看世界，用数学方法解决问题。

六、生成教育论

生成教育是以追求个性与社会性的统一及真善美的统一为基本的价值取向，在主体的、对称的、和谐的关系中，通过真实的实践、交往、体验与理解的机

---

① 郑毓信. 新数学教育哲学［M］. 上海：华东师范大学出版社，2015.

制，让学生充满生命活力、懂得生活意义、实现文化生成的教育。① 数学教学传统上大多是"预成"，按部就班地教会学生课本的知识和解题，达到对知识的掌握。而现代教学理念更多的是让学生体验知识的"生成"过程，在"生成"的体验中培养创新能力。康世刚在其博士论文《数学素养生成的教学研究》中指出："'数学素养'有'生'和'成'两个过程，'生'的阶段主要是学生的学习阶段，关键在于学生主动、积极地参与数学学习的过程，在数学学习中逐渐形成对数学本质的科学认识，掌握数学知识和数学思想方法，养成数学的思维习惯以及数学的精神。这个过程依赖主体对数学过程的体验、感悟、反思，是一个主体积极主动的过程。而在数学素养的'成'的阶段中，需要主体把已有数学素养的'生'的结果表现在自身的活动行为中，主体在真实世界中，能够用数学的眼光审视现实世界，用数学的思维观察世界，用数学的思想方法来分析主体面临的实际问题，积极应用相关数学知识与技能来解决问题，并以数学精神来审视问题解决的结果是否适合现实问题情境。"数学活动的开展较好地体现了"生成教育"的理念，让学生在活动中"生"成知识，在活动中养"成"数学的眼光和思维，让数学知识变成生动的、有生命的、现实的，而不是教科书上刻板的理论。

---

① 张广君，孙琳，许萍．论生成教育［J］．中国教育学刊，2008（2）．

高中数学活动的形式

一、高中数学活动的分类

高中阶段的数学活动的形式应该体现主体自主性、活动内容层次化、活动形式多样性。活动的主体是学生，首先应关注学生所处的年龄阶段的能力和知识储备情况。高中数学活动的内容可分为基于理论的探究活动、基于问题的实践活动、基于方法的探究活动、基于数学文献的阅读活动和基于数学语言的表达活动。目前在高中阶段开展数学活动的形式主要有如下几种。

1. 数学建模

数理逻辑是数学领域的一个分支，其中一个方向是数学模型。数学建模是针对一种现象或一类问题建立一个数学模型，以反映现象或问题的规律性，揭示现实原型的形态特征和本质，如建立国家人口发展模型，最终结果就是一个数学模型。数学模型应当与它反映的对象具有一致性，这样才能把所建模型返回到现实中去应用。数学课程的任何一个概念都是一个数学模型。模型化的思想、数学模型思想是数学的基本思想[1]。2017 年版的《普通高中数学课程标准》是这样描述的：数学建模是对现实问题进行数学抽象，用数学语言表达问题、用数学方法构建模型解决问题。数学建模过程主要包括：在实际情境中从数学的视角发现问题、提出问题、分析问题，从而建立模型、确定参数、计算求解、检验结果、改进模型，最终解决实际问题。数学模型搭建了数学与外部世界联系的桥梁，是数学应用的重要形式，同时是运用数学解决实际问题的基本手段，能够促进学生了解数学与其他学科及日常生活的相互联系，深刻领悟数学的应用价值，有助于培养学生数学应用意识和应用数学的基本能力，能够

---

[1] 弗里德曼. 中小学数学教学心理学原理 ［M］. 陈心五，译. 北京：北京师范大学出版社，1987.

激发学生对数学学习的兴趣和形成对数学的良好情感态度以及全面的数学价值观，有利于学生分析抽象能力的提高，也是推动数学发展的动力。

高中阶段的数学建模与严格意义上的数学建模还是有较大的区别的。高中阶段学生的知识结构与认知水平决定了建模的局限性：更多的是利用所学的知识与现实世界的具体问题相联系，体验数学与日常生活的联系，体验数学与其他学科的联系，通过实践活动去发现和提出问题，感悟数学与现实世界的关联，初步建立数学模型去解决问题，认识到数学模型在各个领域的作用，提升实践能力和创新能力。高中数学建模活动由实际生活情境中发现问题和提出问题，转化为用数学模型去解决问题，并能在实践中验证结论。高中数学建模活动的开展有利于培养学生观察现实世界的敏锐性、主动探索精神和创造精神，对培养数学人才有积极的推动作用。

2. 数学探究活动

2017 年版的《普通高中数学课程标准》是这样描述的：数学探究活动是围绕某个具体的数学问题，开展自主探究、合作研究并最终解决问题的过程。具体表现为：发现和提出有意义的数学问题，猜测合理的数学结论，提出解决问题的思路和方案，通过自主探索、合作研究论证数学结论。数学探究活动是运用数学知识解决数学问题的一类综合实践活动，以问题为起点，以学生活动为主体，以实践过程为核心，是高中阶段数学课程的重要内容之一。数学探究活动是高中数学中的一种学习方式，让学生初步尝试数学研究，体验研究过程和探究精神，体验发现规律和解决问题的激情，培养学生的钻研精神和质疑精神，有利于学生的实践能力和创新能力的培养。数学探究活动可以分成课堂内探究与课外探究，课堂内探究主要是对数学知识和技能的学习和应用的探究，课堂外的探究主要是对带探究性及拓展性的数学问题的研究，主要指对数学性质或规律的研究。

3. 数学实验

数学实验可以看作"数学建模"的一个组成部分，是指为了获得某些数学知识或解决某类数学问题，运用一些工具（如纸张、模型、作图工具、计算机等），在数学思维活动的参与下进行的活动。例如，"数学折纸"就是一种与数学紧密结合的活动。莫比乌斯环就是一个最早的数学折纸模型，折纸模型广泛应用在日常生活和高科技方面，如卫星太阳能电池板的展开结构、飞机的登机桥、服装设计的立体裁剪等。在高中阶段可以以立体几何为基础，进行几何体的制作，也可以与化学的结构模型结合，还可以开设"数学折纸"课程。计算机技术的发展使部分数学规律的发现和验证变得容易，将问题形成数学模型，并通过计算机模拟去分析数据或得出结论成为研究方法之一。计算机不断普及正改变着人们学习的方式，计算机教学也进入中小学课堂，数学实验也随之进入中小学，如图形计算器、几何画板等数学软件被应用到数学学习中。

在高中阶段，数学实验应着眼于"做中学"，通过实验、操作等活动形式，运用一些现有的仪器和计算机等，对数学的一些性质、结论进行探究，也可以通过制作一些模型，亲自经历构建数学知识的过程。通过计算机模拟实验去探究数学问题，可以培养学生的学习能力、实践能力、应用能力和创新能力。利用计算机还可以将一些算法编成程序，进行演算，以提高学生运用现代科技的能力。

4. 阅读数学文献

在教师的指导下或学生自主选择相关主题的数学文献资料、数学论文等，引导学生进行资料查寻、阅读，培养学生查阅文献资料、利用已有信息的能力，并在阅读中拓宽学生的视野，提升学生的学习的能力。阅读数学文献可以了解数学发展史和数学文化，使学生了解数学对推动人类文明和科技进步做出的贡献，了解数学的发展历程和数学的价值；阅读数学文献的能力是学生开展数学活动必备的能力，是进入大学和今后发展必备的能力，这个能力是可持续发展的，是终身教育必需的。

二、STEAM 教育

STEAM 教育，即 Science（科学），Technology（技术），Engineering（工程），Arts（艺术），Maths（数学）。20 世纪 90 年代，美国国家科学基金会首次使用 STEM 描述涉及一至多门 STEM 学科的事件、政策、项目或实践。之后美国政府提出 STEAM 教育计划，即加强美国 K12 关于科学、技术、工程、艺术以及数学的教育，强调运用 21 世纪技能来教育美国人并培养出世界一流的劳动力，以保证美国的未来竞争力和创新能力。国内 STEAM 教育也越来越受到重视，近几年 STEAM 教育模式已经兴起，特别是一线城市。2016 年，"十三五"规划中明确提出：有效利用信息技术推进"创客空间"建设，探索 STEAM 教育、创客教育等新型教育模式，使学生具有较强的科技信息意识与创新意识。2018 年 4 月，教育部印发《教育信息化 2.0 行动计划》，其中明确指出：将学生信息素养纳入学生综合素质评价。完善课程方案和课程标准，充实适应信息时代、智能时代发展需要的人工智能和编程课程内容。数学是 STEAM 的基础性工具，在数学教育中培养学生应用数学的能力，通过设计和开展数学活动，提高学生应用数学的意识和能力，为 STEAM 教育的普及打下基础。

三、项目化学习

项目化学习（Project Based Learning，简称 PBL）是当前全球教育中的热点话题，是指以任务为中心，行为导向为方法，能力培养为目标，旨在将课堂教学与工作情境完美地结合起来，让学生融入更有意义的工作任务中，通过任务的完成，让学生自主学习、自我提高，实现知识的积累、能力的提高和素质的培养。2017 年版《普通高中数学课程标准》提出"核心素养的培养"，项目化学习将改变学习模式，学生在问题驱动下，将知识运用于解决问题之中，更多地去探究、去体验知识的形成和与现实社会的联系。项目化学习是多学科结合，数学作为基础性工具的学习方式，对提高学生应用数学知识的能力有更高的要求；项目化学习充满着不确定性，学生将在活动中获得更好的解决问题的能力、创新能力、沟通协作能力等。

目前高中数学教育面临着新的挑战，特别是新课标中将"数学建模"作为六大学科核心素养之一，在高中阶段该如何培养？笔者作为一线数学教师，通过对目前数学教育及学校教师现状的比较了解认为，把在高中阶段开展的建模活动视为"数学活动"，与严格意义上的"数学建模"区分开，融入数学探究，融入数学实验活动，融入数学文献阅读，融入多学科的 STEAM 教育和项目化学习，再加上数学课堂上开展的多样化的数学活动，会与高中数学目前的教学状况更贴切，让一线教师更容易接受和实施。

数学活动开展的历史与现状

一、国外开展的情况

近三十多年来，"数学建模"的教学在美国、英国等国家的数学教育中成为热门话题，并在国际数学教育大会中占有重要地位。1988 年召开的第六届国际数学教育大会就把"问题解决、建模和应用"列为大会七个主要研究的课题之一，认为"问题解决、建模和应用必须成为从中学到大学所有学生的数学课程的一部分"。数学应用与建模在数学教育中越来越受到重视，这从各国的教学大纲中可以看出。例如，英国把中小学数学课程分为五大领域：使用和应用数学、数学、代数、形体和空间、数据处理。第一条就体现了数学的应用性，强调学生的操作能力和应用能力，注重解决实际问题，在高年级还加强了数学与其他学科的联系。美国 NCTM 编写的《美国学校数学课程与评价标准》中强调"作为问题解决的数学"，积极倡导"以项目为中心的学习"和"以问题为中心的学习"。"以项目为中心的学习"是跨学科、以学生为中心的学习活动，是结合现实世界中的问题与实践进行的。"以问题为中心的学习"则是围绕现实生活中的一些问题展开的，寻求解决问题的方法。两种学习的目的都是让学生通过参与解决现实世界的问题，提高应用数学的能力。如美国迈克道格公司出版的《整体数学》教材认为：教师需培养学生不断用数学观点探索周围世界，把学数学和用数学结合起来，形成数学应用意识，增强社会责任感（如在指数函数的引入中，从研究"城市垃圾加倍的周期"这一社会性课题引入）。2015 年美国发布的《四个维度的教育：学习者迈向成功的必备能力》中提出课程重构计划，提出"知识与真实世界相关有利于在现实生活中实现知识迁移""技能是实现教育成就的必需（技能掌握的重要性）"。日本教育界提出的"课题学习"是"为了促进以学生为主体的学习，为了培养学生的数学观点和思考方法"，并结合中学生的认识水平，在教科书中设置了课题，其内容丰富，涉及面广，注重课题的趣味性、文化性和现实性。2017年日本颁布的幼儿园、小学和中学《发展学习指导要领》中指出，"课程内容强调面向社会的课程"，重视课程与社会、生活之间的关联。德国的中学数学教学计划中有一项学习内容"一起设计计划与实施"，是以现实课题和学生兴趣为出发点，设计并研究课题，提高学生的学习兴趣和应用能力。法国从20世纪90年代开始进行课程改革，在中学开展"有指导的学生个人实践活动"，鼓励学生结合所学知识和各学科间的联系，通过课题研究的形式，进一步学习和发展能力。芬兰的新课程改革重点强调21世纪技能，其中提到的一个领域是"拓展课堂外的学习，并使用技术进行学习"，鼓励学生走进自然，参观博物馆、企业等。从以上国家的教育现状可以看出，在中学数学教育中要通过各种实践活动的形式，培养学生应用数学的意识和能力，将数学知识与现实生活中的问题结合起来。[1]

二、国内开展的历史

1. 教学大纲和课程标准的发展

回顾中华人民共和国成立后数学课程大纲中有关"数学应用"的发展过程，20世纪50~60年代，提出了改革方案，主张数学教育要为现代化生产和科学技术服务，阐明了数学教材必须有严谨的理论体系，体现理论联系实际的原则。教学内容中曾一度强调"理论联系实际"，在教学中增加了与现实生活相关的应用，用工农业基础课代替数学课，忽视了数学知识的系统性和严谨性。这也令数学教育工作者对"数学应用"一度产生了偏见。1978年制定的《全日制十年制学校中学数学教学大纲》中首次提出，"逐步培养学生分析问题和解决问题的能力"，体现了对解决数学问题的认识和实践的趋势。1981年制定的《全日制六年制重点中学数学教学大纲（征求意见稿）》开始注意知识、技能与能力的关系，指出：学生的能力是通过知识、技能的掌握而形成和发展起来的，这些能力一经具备，就有利于学生更好地去获取知识和运用知识，并更明确地提出了"逐步形成运用数学来分析和解决实际问题的能力"。[2] 2003年颁布的《普通高中数学课程标准（实验）》，是一次力度较大的改革，其中一大特点是：关注学生的学习过程，让学生获得体验，产生学习数学的积极情感，通过实践获得和了解数学知识的来龙去脉，经历数学知识的发现、发生、发展的过程，

---

[1] 张思明. 理解数学 [M]. 北京：人民教育出版社，2012.
[2] 同上.

强调发展学生的应用意识，设置了"数学建模""数学探究"的学习活动，注重帮助学生体验数学在解决实际问题中的作用，加强数学与日常生活及其他学科的联系，体会数学的应用价值。① 2017 年版的《普通高中数学课程标准》提出数学学科的六大核心素养：数学抽象、逻辑推理、数学建模、直观想象、数学运算、数据分析。其中"数学建模"的要求是：通过高中数学课程的学习，学生能有意识地用数学语言表达现实世界，发现和提出问题，感悟数学与现实之间的关联；学会用数学模型解决实际问题，积累数学实践的经验；认识数学模型在科学、社会、工程技术诸多领域的作用，提升实践能力，增强创新意识和科学精神。在必修课程和选择性必修课程中都有"数学建模活动与数学探究活动"的主题，以课题研究的形式开展。选修的 B 类课程中设置"数学模型"专题，通过大量的实际问题，建立一些基本数学模型，包括线性模型、二次曲线模型、指数函数模型、三角函数模型、参变数模型。选修的 C 类课程中设置的"数学模型"中有基于数学表达的经济模型和社会模型，包括存款贷款模型、投入产出模型、经济增长模型、凯恩斯模型、生产函数模型、等级评价模型、人口增长模型、信度评价模型等。选修的 D 类课程中设置了美与数学、音乐中的数学、美术中的数学、体育运动中的数学等课程。选修的 E 类课程中也设置了日常生活的数学课程。

从教学大纲和课程标准的变化过程中可以看出，一直以来对"数学活动"的开展都有要求，2017 年版《普通高中数学课程标准》更是花了较大的篇幅对"数学建模与数学探究活动"做了详细的要求，不论是必修课程还是选修课程中，都有明确的要求。这些都充分说明我们国家对高中阶段的数学建模越来越重视，目的是在高中阶段开展数学活动，提高学生的数学应用的意识和能力，培养有创新意识和科学精神的人才。

2. 开展的状况

20 世纪 50 ~ 60 年代，我们曾一度强调"理论联系实际"，在高中数学中加入了一些实际问题，如机械问题、农业问题等，但过多强调了劳动实践，主张在田间地头、工地车间等场所学习数学，弱化了数学理论的学习，忽视了数学教育应该体现的数学知识的系统性和严谨性。这一时期很多数学教育工作者对"数学活动""数学应用"产生偏见。恢复高考后，特别是 20 世纪 80 ~ 90 年代，突出了数学基础知识的学习后，数学应用问题再次被提出，常常以数学应

---

① 严士健，张奠宙，王尚志 . 普通高中数学课程标准解读［M］. 南京：江苏教育出版社，2004.

用题的形式呈现，应用题的形式大都条件清楚准确，不多不少，结论唯一确定，结果也很少需要考虑是否符合实际。特别是在 90 年代的高考试题尤为突出，从 1993 年、1994 年开始尝试小题，到 1995 年与数学应用有关的反映供求关系的"淡水鱼养殖"问题的应用题大题，1996 年与粮食产量问题有关，1997 年与运输成本问题有关，1998 年与污水处理问题有关，1999 年与冷轧机问题有关，2000 年与个人所得税问题有关。从考题中可以看出，考题涉及与现实生产生活息息相关的问题，考查学生的数学应用能力，但从考生的答题情况看，学生对这些应用问题的实际背景还是比较陌生的。特别是 1999 年的冷轧机问题，涉及的是实际生产问题，但对大部分学生来讲是从未接触过的，导致很多学生连题意都理解不了。这几年的数学应用题的考查也暴露了学生对现实生活和生产问题关心程度不够，知识面狭窄。从 2003 年新课程改革后，2009 年宁夏高考题出现了三角测量问题：为了测量两山顶 M，N 间的距离，飞机沿水平方向在 A，B 两点进行测量，A，B，M，N 在同一个铅垂平面内（见图 1），飞机能够测量的数据有俯角和 A，B 间的距离，请设计一个方案，包括：①指出需要测量的数据（用字母表示，并在图 1 中标出）；②用文字和公式写出计算 M，N 间的距离的步骤。

图 1　示意图

此题在考查数学应用方面有了较大的进步，要求考生设计测量方案。近几年的高考题中，在概率统计方面加大了应用能力的考查，题目背景更显实际应用，在数据分析能力和数据处理能力方面加大了考查力度。例如，2017 年全国 Ⅰ 卷中涉及的是"监控某种零件的一条生产线的产品"的问题，2018 年全国 Ⅱ 卷中涉及的是"环境基础设施投资额"的问题。从这些以现实生产为背景，与数学应用密切联系的高考题中，我们看到了数学教育中关于数学应用能力的要求越来越高，倒逼着高中数学教育必须重视数学应用方面的教学改进。但仅仅以高考题作为教学的指挥棒是远远不够的，而且数学应用题不能代替数学应用，这些应用题将数据信息经过加工，以文字、图表的形式呈现，还不可避免地出现过多的人为编造的数据，大大失去了数学的应用价值。而且通过应用题的形式去考查，容易让一线教师和学生产生应用题即为"数学建模"的误解。但数学应用题也有其积极的一面：一是通过现实问题改编的应用题短小精悍，适合在课堂上开展数学建模活动；二是目前仍以高考作为主要的选拔考试，如何让课标中要求的数学建模体现在高考中，数学应用题仍然不失为较理想的模式。

　　数学活动的开展促进了学习方式的改变。"研究性学习"成为学习方式之一，通过研究体验，帮助学生提高学习能力。但很多"研究性学习"仅停留在模式上，把关注点放在研究的结果上，而没有更好地关注学生的研究过程和研究体验。早在 20 世纪 90 年代，北京、上海就开始在中学引入数学建模，开始以数学知识应用竞赛的形式，开展实践活动，积累了一定的经验，2003 年版和 2017 年版的课标中"数学建模"与"数学探究"部分就是以两种研究经验来撰写的。2003 年的课标颁布，教材做了比较大的改变，对于数学应用方面用了比较多的篇幅，在新课的序言、例题、习题、阅读材料中出现了大量的数学应用知识，出现了"研究性学习""课题学习""数学建模"等学习模式。在教育发达的城市，如北京、上海、江浙地区的中学数学教学中，开展了形式多样的"数学活动"，"研究性学习"流行一时。随着计算机的普及和信息化发展。"数学实验"也在发达地区得到了较好的发展。近年来，"STEAM"教育、"项目化学习"在发达地区兴起，如上海市上海中学从 2017 年起设计并实施了 STEAM 课程，广州也实施了 STEAM 教育、项目化学习。2017 年的新课标颁布，对"数学建模活动"与"数学探究活动"做了具体的要求和详细的指导建议，明确指出它们是高中课程的一部分。但是，在教育落后的地区，"数学活动"更多的是流于形式，变相为数学课外辅导，以解题训练为主。产生这些现象除了地区经济差异和教育资源不均衡的原因外，教育主管部门、学校和教师的理念和水平存在较大的差异也是其产生的原因。

三、发展前景

　　2017 年版课标颁布，课标对"数学建模活动"与"数学探究活动"做了具体的要求和详细的指导建议，数学活动的开展成为必需的课程，一线教师必须将指导学生开展数学活动作为高中课程的一部分来完成，这为数学活动的全面开展提供了保障。高校在选拔人才的方式上，加大了自主招生的力度，这也促进了高中开展各项活动，以促进学生综合素质的提高。高考试题的改革，加大了对应用知识能力的考查，也倒逼着高中教师重新认识数学活动的开展。随着信息化技术的广泛应用，国家对教育资源的公平性和均衡性的重视对不发达地区的数学活动的开展将起到促进作用：通过国家、省、市各级对教师的培训活动的开展，通过网络学习和资源共享，提升对"数学活动"开展的认识，提高开展数学活动的能力。希望通过各地区一线教师的努力，从教师自身的理念改变和能力提升开始，按课标的要求，借鉴发达地区的经验，结合自身的实际，真正将数学活动开展起来。

高中数学活动开展的意义

一、社会发展的需要

随着社会的发展，数学应用越来越广泛，数学的应用体现为数学知识的应用研究。在企业管理方面，更多地使用了数学分析进行决策，如华尔街的金融行业就聘请数学家进行决策研究；在计算机普及的时代，人们在应用计算机互联网的大数据时，都涉及数学应用。社会的发展对数学教育提出了新的要求，数学将像人们识字、阅读一样，成为必需的素养，需要更多的能用数学眼光看待世界，能运用数学去解决问题的人。加强中学数学教育，提高全民的数学应用意识和应用能力，在新课标中明确将"数学建模"列为六大核心素养之一，这也是顺应社会发展需要的。

二、科技进步的需要

高科技的发展已离不开数学对其的支撑，计算机和现代信息技术的飞速发展使数学得到了前所未有的发展，几乎渗透各个学科和日常生活。数学已从"幕后"走到了"台前"，成为开启科技大门的一把钥匙（高科技的本质是数学技术）。例如，航天事业的发展就与数学分不开，现代国防与数学建模关系密切，现代战役需要通过数学建模去制订作战方案和指挥系统，数学建模与人工智能、先进制造密不可分。我国数学基础教育是比较扎实的，但应用意识和应用能力还是偏弱。技术发达的国家，数学已渗透高科技研发和应用，而在我国自主研发高科技产品的过程中，数学并未发挥重要作用。例如，"芯片"门事件，没有掌握核心技术，将受制于人。华为早在二十几年前就重视数学，不断招聘数学博士，任正非先生也一直强调数学的关键性（很多技术和创新都需要通过数学来突破）。华为在全球设有多个研究所，其中就有重点研究数学算法的（挖掘基础数学资源）。随着科技的飞速发展，国际竞争形势日益严峻，我国需加快科技发展的步伐，自主研发，走中国创造之路，将数学应用渗透各个领域。培养数学应用意识和能力，需要通过教育，特别是在高中教育中去培养。随着人工智能时代的到来，课程实施方式和学习方式都将发生重大变革，学习趋向个性化的课程学习和研究活动。我们要通过开展数学活动，培养学生应用数学去解决问题的意识，使学生树立正确的数学观，适应科技发展的需要。

三、生活和工作的需要

随着社会的发展，现代人的生活和工作处处都充满着数学的应用。如个人的投资活动方案的选择和风险评价，购买股票的指数行情分析，保险的参保问题等；信息时代每天从新闻媒体中看到的空气污染指数、天气预报、各种数据图表，甚至电影电视的内容也涉及很多数学应用；工作中各类数据的处理和各类信息的分析，处处都体现着数学的应用。数学知识的应用正渗透生活和工作中的每一个角落，特别是大数据时代，作为一个社会人，必须具备一定的数学知识和数学应用的意识，才能适应社会的发展。而我们的教育目标是培养未来合格的公民和优秀的人才，在高中阶段就要发展学生的应用数学的能力和意识，培养学生用数学眼光看世界的能力，用数学思维解决问题的能力。

四、教育发展的需要

教育应适应社会的发展和世界的发展，在进一步深化课程改革的今天，我们要改变学习的模式，教师要从"知识为本"向"核心素养为本"转变，以"讲授"为中心向以"学习"为中心转变，教师的"教"与学生的"学"都要回归到"学习本质"上来，那就是发现问题和解决问题，探索世界和认知世界的过程。因此，在高中数学教学中，要开展数学活动，让学生探究和体验数学知识的形成和应用，真正落实培养学科素养。未来的教育发展，学习模式将由"知识消费者"到"知识创造者"，没有经历就没有学习，带着问题去学，在研究中学习，从实践中学习，学习的效果更好。未来的学习，可能被网络学习取代，学生有一半的时间会用来进行探究活动。我们的教育要面向未来，培养学生不仅要使学生掌握必要的知识，更要着眼于培养学生学习的能力和学习的方式，以使学生适应未来的变化。

五、人才培养的需要

数学学科是自然科学的重要基础，数学承载着思想和文化，是人类文明的重要组成部分。数学在形成人的理性思维、科学精神和促进个人智力发展的过程中发挥着不可代替的作用。因此，"数学思维将是孩子们以后在社会生存竞争的顶级能力"，数学教育承载着落实立德树人根本任务和发展素养教育的职责。高中数学是义务教育阶段后普通高中的主要课程，承载着输送人才的职责。通过开展数学活动，提高学生学习数学的兴趣，提高学生学习数学的主动性；通过开展数学活动，强调数学与生活、数学与其他学科的联系，提升学生应用数学解决实际问题的能力；通过开展数学活动，培养有数学思维的人才。最终达到培养人才的需要，培养有竞争能力的人才的需要。

六、数学教育的本质

数学教育在较长的一段时期过分强调了"数学的思维性"，忽视了数学的应用性，以及数学与其他学科、其他领域之间的联系，这导致数学教学过多地强调单纯的演算，过多强调解题，这无助于对数学的真正理解。正如约翰斯·霍普金斯大学数学博士（Arthur Benjamin）在一次演讲中所讲：数学学习是计算、应用和激发灵感。而我们恰恰欠缺应用和灵感。数学教育需按数学发展的规律进行，正如弗赖登塔尔的"数学化""再创造"的思想，他认为，将数学与现实世界背景密切联系在一起进行数学教育，才能使学生真正获得充满相互联系的、富有生命力的数学知识，使他们不仅理解这些知识，而且能够应用。教材上的定理、定义，不要以死记硬背的方式记下来，数学教学不应仅是单纯的数学演算和解题技巧的训练，而应采取数学探究活动的方式，让学生去体验这些结论的生成，获得重新创造有关的数学知识的体验。"教"一个知识，最好的方式是演示，让学生实实在在地体验过程；"学"一个知识，最好的方法是通过活动去体验知识形成的过程，让学生体验寻找和发现真理的方法与过程，追寻数学发展的历程，真正体会数学中蕴藏的思想，并在体验的过程中迸发"再创造"的火花。数学教育应该更关注数学与现实的联系。数学与其他学科的联系，数学本身将现实世界的数量关系和空间结构关系，经过抽象概括、符号表示，以纯粹的形式进行演算、推理与证明，最后构成形式化的体系。数学教育不能将现实世界放在一边，变成孤立的数量关系，而是要与现实世界紧密联系，培养学生用数学眼光看待问题、发现问题、提出问题的能力，并使学生学会用数学知识去思考问题、解决问题。

核心素养下的数学活动

数学学科核心素养是育人价值的集中体现，是学生在数学学科学习和应用的过程中逐步形成的正确的价值观念，具有数学基本特征的思维品质和关键能力。核心素养下的高中数学教学应着眼于数学的本质特征。数学是形成人的理性思维、科学精神和促进人的智力发展的一门学科，数学教育就是要引导学生学会用数学眼光去观察世界，用数学思维去思考世界，用数学语言去表达世界，用数学观点去探索世界，通过数学教育和教学活动，让学生去体验数学知识的形成，培养学生用数学去思考、解决问题的能力，形成数学应用的意识，促进学生思维能力、实践能力和创新能力的发展。

在高中阶段的数学学习过程中，积极开展数学活动对数学学科的核心素养的培养有积极的促进作用。

数学活动的开展，可激发学生学习数学的兴趣。如果数学仅仅是枯燥的定理公式、烦闷的推理演算、抽象的数学符号，那么留在我们脑海中的只是没有"生机"的数学，甚至是长期的枯燥乏味所产生的厌烦情绪，使更多的人远离数学。数学的概念、定理、定义都较抽象，学生在学习过程中容易觉得枯燥乏味，出现难以理解的现象，设计一些数学活动，可以让学生在活动中体会概念、定理的生成过程，感受数学的美妙，体验数学与生活的密不可分，增强学习数学的兴趣。

数学活动的开展，可提高学生的逻辑推理能力。提高数学的逻辑推理能力是培养学生的数学思维能力的主要途径，但不能只记忆公式、定理和结论，或者在课堂、课后对数学知识和数学习题反复演练，把解题当成提高学生的逻辑推理能力的唯一途径。可以通过设计问题、提出问题，让学生带着问题去研究，在研究活动中提升对知识的理解和应用，提高自身的思维能力和思维水平，提高提出问题和解决问题的能力。

数学活动的开展，可提升学生的直观想象能力。直观想象能力是建立数与形的联系，借助直观想象和理解去认识事物和解决问题的能力。而实际学习中，学生的空间想象能力普遍比较薄弱的，这也制约了学生感知事物的能力。通过设计一系列数学实验活动，可以让学生在实践活动中去直观体验空间几何体的变化，建构实际空间几何体与抽象结构之间的关联，提高空间想象力，增强数学直观感。

数学活动的开展，可提升学生的数据分析能力。学生的数据分析能力不能仅停留在数学习题所编制的数据中。在大数据时代，数据分析是重要的数学技术。例如，对于教材中所学的概率统计知识，应该让学生在现实生活中真正去理解和感受如何收集数据和整理数据，如何分析和处理数据，如何从数据中获得信息和结论，让学生真正地实践操作，在实践活动中去理解概率统计的知识，提升获取有价值的数据和分析数据的能力，提高透过数据认识事物的能力。

数学活动的开展，可培养学生的合作能力和创新能力。人类的学习是群体活动，小组合作学习是比较有效的学习方式。数学活动的开展形式主要是通过小组合作进行的，在活动过程中学生之间在讨论交流、质疑争论中产生的思维碰撞，不同层次、不同思维模式之间产生的互补，不同分工与合作促进了人际关系的融洽，都对提高学生的团队合作精神和创新能力起到了很大的促进作用。

数学活动的开展，可培养学生的协调能力和领导能力。活动开展需要学生负责去组织，分工安排各项任务，协调教师、学生和各方面的人员，锻炼了学生的协调能力和领导能力。

数学活动的开展，可提高学生的包容能力。活动过程中，学生需学会活动主体之间的包容，学习方式多元化的包容，多学科知识之间的包容，人与自然、人与社会问题之间的包容。

数学活动的开展，可提高学生的表达能力和写作能力。活动开展过程中需要做开题报告、结题报告，锻炼学生的表达能力，使学生能准确使用数学语言。活动过程中要写活动记录表、研究报告，甚至论文，从而培养了学生的写作能力，也能培养学生撰写研究报告和论文的规范性。

数学活动的开展，可提升学生对数学文化发展的认识。在体验数学概念、定理、定义形成的过程中，学生不仅掌握了数学知识，还体验了数学家的创新历程和数学的思想方法的形成过程，体会了数学对人类文明做出的贡献。在查阅数学文献的活动中，能了解数学的历史、应用和发展趋势，了解数学文化所蕴藏的价值。

数学活动的开展，可提高学生运用信息技术的能力，利用信息技术促进数学实验活动的开展，利用信息技术改变学习的方式，利用信息技术获取信息的能力。掌握信息技术已经是学生素养培养的一部分。

数学活动的开展，可培养学生观察现实生活的习惯，提出问题和解决问题的能力和迁移能力，培养学生用数学眼光看世界，并用数学思维和数学知识解决问题的能力。

数学学科核心素养提出的关于六大素养的培养离不开数学活动。数学活动的开展，可以提高学生学习数学的兴趣，增强学习的信心，提高学习的能力，提高合作能力和协调领导能力，促进逻辑推理、直观想象、数据分析等数学学科素养的养成。

第二章

高中数学活动与高中数学教学

2

高中数学活动与数学教学的关系

一、高中数学活动能激发学生学习数学的兴趣

数学活动的开展能使抽象的数学概念、定理、定义的教学更加生动，有利于激发学生的学习兴趣。比如，在讲授立体几何的平面公理时，学生刚开始接触立体几何，所讲的公理也比较抽象，在课堂上提出一个现实问题：如何去判断椅子的四条腿在同一平面上？学生通过实践操作，得出如何判断四个不共线的点在同一平面的方法。学生提出的方法是：将椅子放在地面上判断是否处于同一平面上。此时教师引导学生思考此方法存在的问题是什么，思考和讨论还可以用什么方法可以判断。这比单纯讲授公理推论更生动，更能激发学生学习数学的兴趣，学生在解决实际问题中获取的知识会记得更牢。再如，讲解椭圆时，让学生实际操作画椭圆，能够使基础概念的内涵变得更易理解，实现了对基础概念的延伸，进一步加深了学生对概念的理解与认识，有效改善了数学理论授课中的枯燥感，提高了学生对基础理论的学习兴趣，也让学生体会到数学来源于生活，用数学知识可以解决现实生活中的很多问题，同时也培养了学生用数学眼光看世界的意识。

二、高中数学活动是数学课堂教学必不可少的部分

数学活动的开展是数学课堂教学中必不可少的部分。数学活动开展的形式之一是在课堂中开展，教师可设计一些活动来引导学生理解抽象的数学知识。例如，将一些数学活动设计成数学应用题的形式，特别是一些建模活动，可以通过设计，分解成一些小问题在课堂教学中实施。比如，讲解函数时，可将现实的问题改编成应用题：邮资与邮件重量之间的函数关系问题。这个问题可以在课堂上解决，既体现了教材中的例题，又结合实际背景来设计。而且此活动还可以在课外延伸，引导学生提出一些问题并进行调查，如去邮政局调查寄邮

件的主体人群、邮票的业务范围等。又如，设计个人所得税问题，同样是教分段函数的知识，但结合了现实问题，让学生在解决问题的过程中去体会分段函数。而且这个问题也可以延伸到课外让学生去调查并计算个人所得税。在教学实践中，结合实际生活的事例来设计活动，让学生参与，使学生在课堂上不仅学会了知识，还将数学知识与实际生活联系，将抽象的、符号化的数学转化成看得见的数学，正是培养用学生数学眼光看待世界的核心素养。

数学活动的开展，从某种程度上来看，提高了教学效率。数学活动在课堂上给学生提供了多维互动的交流空间。建构主义把协作交流作为学习的基本要求之一，因为学生之间都存在着个体差异，这种差异就是一种宝贵的学习资源。交流的内容不但有认知与技能方面的，而且有过程与方法方面的，还应该有情感态度与价值观方面的，这种交流能达到更大范围的资源整合。"综合实践活动"的应用就可以很好地提高学校的教学效率。

数学教学中不仅要引领学生从理论与实际结合的角度去发现、提出、理解和掌握新知识，感悟数学的本质及其科学价值、应用价值、人文价值，还要引导他们学会运用新知识去分析和解决实际问题并养成及时反思的习惯；让学生在应用和反思中不断发展与积累问题解决的活动经验，从而提升分析和解决问题的能力（这既是数学教学中理论与实践相结合教学原则的体现，也是数学教育的重要目标）。

三、高中数学活动是数学教学的延伸

数学活动的开展是数学课堂教学的延伸。数学活动的开展的另一种形式是在课外开展，是课堂的延伸和扩展。数学活动以课题形式开展，这些课题可以是教材内容的扩展研究，尤其是对教材中的一些知识和规律进行更进一步的探究。例如，三角函数的公式，可让学生在课外进行公式的形成的探究，使学生体验公式形成的过程，这比单纯死记硬背公式强。又如，立体几何中对正方体截面的研究，课本中并没有详细讲述，可以通过课外的数学活动，让学生亲自实践操作，探究出正方体截面的不同几何图形。学生通过活动既掌握了正方体截面的问题，又学会了如何研究问题，如何用不同的方式去解决问题。再如，制作几何体活动，让学生课外去实践操作，不仅可以使学生更直观地理解几何体，同时也可以将几何体作为教具和学具。数学活动在课外开展对不同层次的学生都是一种延伸和提高：对基础薄弱的学生来说，活动的开展有利于提高他们的学习兴趣，提高他们对抽象数学知识的感性认识；对基础好的学生来说，活动的开展将为其打开更广阔的数学视野，让学生能更自主、更热情地探究未知的数学世界。开展数学活动是对原来数学教学方式的一个补充，它是数学课程中的一种新的形式。数学实践活动强调学生的自主性、实践性等特性，可以克服片面执行"讲授法"的做法，有助于数学学科课程扬长补短，有助于加深学生对科学、技术和社会关系的认识，有助于发展学生对科学技术的兴趣和爱好，有助于扩大学生的知识面，等等。数学实践活动与数学学科课程结合可以形成优化的数学课程结构，达到素质教育的目标。这样，数学课程不仅使学生掌握基本的数学知识，还能使学生自觉探讨知识背后的思想方法，培养学生正确的科学观和科学精神，为学生的终身学习打好基础。

四、高中数学活动改变数学学习的方式

数学活动的开展，促使学生学习方式发生改变。学生在参与活动的实践中，学会了自主学习：学生必须明确活动的目的和意义，制订出活动开展的方案，必须主动思考和参与活动方案的实施过程，并主动解决实施过程中出现的问题，在解决问题的过程中自主学习必要的知识，以帮助解决问题。通过数学活动的开展，学生的自主和自觉意识得到培养（我们常常提到的以学生为主体的自主学习，在活动开展中最容易得到实现）。

数学活动主要以小组合作的形式开展，学生在实践中学会与人交流和沟通，与人合作和协调。学生在活动过程中要经历小组内的分工合作，小组内成员不仅要对自己负责，也要对组内的同学负责，提高了学生的责任感；小组的负责人还要安排和协调各项活动的开展，培养了学生的领导艺术和领导能力；学生要与教师、同学交流沟通，涉及有关部门机构的调查时需要沟通，在活动过程中培养了合作、沟通、交流的能力。这种合作的学习方式将影响学生的日常学习和生活，将影响学生今后的大学学习和研究，甚至对学生以后的工作方式产生影响，将使学生终身受益。

活动过程中还需从不同渠道中获取信息，学生可以通过网络查找资料和信息，利用现代信息技术在解决问题的时候，可以获得不同角度、不同人的看法，拓展了交流的渠道，开阔了视野（利用信息技术将是未来人们学习的一个重要方式）。学生在活动过程中遇到不懂的知识，还可以向学长学习，向老师、家长或社会人士请教，扩展知识获得的渠道，这些学习能力将为学生的终身学习打下基础。

活动过程的探究质疑，也会影响学生认识世界的方式。通过探究发现问题、

质疑问题、论证和反驳等，都是科研工作中必须具备的精神。活动的开展培养了学生的问题意识和质疑意识，培养了学生的钻研精神和创新精神。

数学活动的开展为学生提供了更广阔的学习空间，将对学生的学习方式的改变起到促进作用。学生将在实践活动中接触到多种学习方式，提升自主学习的能力，学会沟通、交流与合作，学会选择、判断与决策，学会做人、做事，这些都是学生通过活动体验后产生的，不是在课堂上通过老师传授得到的。

五、数学活动的开展提高了学生应用知识的能力

数学活动的开展有助于提高学生应用知识的能力，使学生在现实生活中发现问题。例如，学生根据人教版必修一第一章复习参考题中"纳税问题"，与现实问题相结合，习题设置适合课堂上解决，但课后可以提出个人纳税的课题。学生通过了解纳税政策（纳税政策经过哪些变化），计算父母需要纳多少税，还可以通过计算机程序，输入个人纳税信息，就可以计算出纳税金额。这个活动的开展比单纯做课本上的习题更好，学生应用知识的能力得到较大程度的提高，也让学生真正理解了数学与生活的联系。比如，初学函数时，可以提出一个课题：生活中的函数，让学生去观察日常生活，寻找生活中的函数关系，让学生体会抽象的函数与生活是息息相关的。

六、高中数学活动能发掘和培养数学人才

数学活动的开展有助于发掘和培养数学人才。高中阶段一个重要的任务就是为大学、为社会输送优秀人才。活动的开展，特别是建模活动的开展，让一部分在数学方面有天赋的学生在发现问题、解决问题中展示自己的才华，在探究活动中，通过探究数学性质和规律，使学生在思维能力和思维水平上得以展现和提升，提高学生的智力和全面的数学能力。

高中数学活动是数学教学的重要组成部分，是课堂教学的一部分，也是课堂教学的延伸和扩展，是培养学生能力和素养的重要途径。

高中数学活动的开展对学生发展的影响

数学活动的目的在于培养学生将理论知识灵活应用到实际问题的解决当中的能力。活动是数学课程内容中重要的组成部分，不仅对学生掌握数学理论知识产生很好的巩固与实践效果，而且对学生能力的提升，包括培养学生的问题意识、探究意识、创新意识与应用意识、科学精神和科学态度以及提高学生的综合素质均产生了很大的影响。

一、有助于提高学生学习数学的积极性，并推动数学的学习

从活动中可以看到，学生的参与积极性非常高，每一位学生都能开动脑筋去思考、讨论方案的合理性。有趣、生动而富有生活气息的活动能够提高学生学习数学的兴趣和积极性，能够激发学生学习、思考的激情。而且这种以解决问题为导向的学习方式能够深化学生对数学相关概念和方法的理解，最终达到把数学知识和思想学得明白、学得深刻的目的。例如，在解三角形的学习中，对于基础较好的学生，可以尝试让学生先通过活动去测量建筑物的高度。在活动中学生遇到哪些问题，需要用到哪些知识，通过从实际问题出发，去学习所需的知识，在学习过程中学生学习的主动性提高、自学能力提高、解决问题的能力提高。对于基础比较差的学生，可以先学习基础知识，再进行活动，在活动过程中去应用知识，感悟知识，从而提升学习的积极性。

二、有助于锻炼学生交流表达、团结协作的能力

随着科学技术的发展，数学广泛地渗透社会的方方面面。作为祖国未来建设者的学生需要具备一定的数学交流素养。数学交流是学生学习数学的一种方式，同时也是应用数学的途径之一。学生在交流中学习数学语言，并运用数学语言中特定的符号、词汇、句法去交流，去认识世界，从而逐渐获得知识的积累。

《义务教育数学课程标准（2011 年版）》突出了关于"数学交流能力"的目标，明确将"学会与他人合作交流"作为数学课程总目标之一，要求学生通过经历与他人合作交流解决问题的过程，学会倾听和理解他人的思考方法和结论，清晰表达和解释自己的思考过程与结果，并尝试对他人的想法提出建议，对他人提出的问题进行反思，初步形成评价与反思的意识。

对学生来说，数学实践活动为他们提供了更广泛的人际交往机会，与同学的亲密、与教师的配合、与他人的合作，都会使学生受到多方面的影响，感到心情舒畅，这不仅使学生热爱生活，也易于形成活泼开朗、积极主动等品质，并能发扬学生个人的独特风格。学生在活动中总是面临一定的任务、担当一定的角色，这促使他们在反复扮演这些角色中，对事物的态度和行为方式发生改变，形成和改变某些个性特征。例如，实验有助于培养学生的科学意识和探索精神，问题探究对于学生理智兴趣的养成等都具有积极影响。

三、有助于让学生学会数学地看问题，培养学生应用数学的能力

"中小学数学教育的终极目标就在于，会用数学的眼光观察现实世界、会用数学的思维思考现实世界、会用数学的语言表达现实世界。"

通过运用数学的实践活动，学生会慢慢感受到数学在现实生活中的应用价值，体会到数学思想的深刻性，并学会从数学的角度理性地去看待问题。

四、有助于培养学生敢于创新的意识和善于创新的能力

数学实践活动与解题不一样，没有可参考的例题，没有成型的套路，也没有固定的答案，数学活动具有开放性的特点：活动内容的选择开放，学生可以根据自己的兴趣爱好去选择课题；活动的形式开放，可以是动手制作，也可以是调查研究，还可以是数学证明探究等；活动的时间开放，可选择课外时间，甚至放假时间进行；活动的空间开放，可以是教室内、校园内、校外甚至网络空间；活动的结果开放，活动只要得出合理的结论，提出解决问题的方法，或提出自己独到的见解即可，不追求单一的结果。所以学生可以尽情地发挥自己的想象力、创造力，从而养成肯思考、乐思考、善思考的习惯。

学生的数学素养靠教师直接讲授是不可能形成的，也不是通过单纯的解题训练就能养成的，正如孔凡哲和史宁中教授所说："在中小学数学学习中，数学化是学生自己的数学活动，毕竟，无论经验的积淀，基本思想的初步形成，还

是数学抽象能力、推理能力、建模能力的培养，都离不开学生的主动参与、独立思考和亲身实践，离不开学生的自我建构。"

学生的创新意识和创新能力的培养是以学生自身为标准的，是在学生已有的基础上的创新。"新"来自问题，不论是显性问题还是隐性问题，都要对已有知识提出质疑。听教师讲课，爱动脑筋的学生固然也能提出问题，形成自己的想法。但教师的授课思路是事先设计好的，教师按部就班地讲课，学生往往没有更多机会发现问题。实践活动因为涉及面广，学习环节相对复杂，"意外事件"出现的可能性比较大，因此发现问题的机会较多，需要为同一问题设计不同解决方法的机会也较多，学生学习的自由空间比较大，这在客观上为学生创新意识和创新能力的培养创造了条件。

五、有助于培养学生的自主性

学生在大多数时间都是被安排的，导致学生缺乏自主性。而数学活动的开展，很大程度上给予了学生自主权。学生在活动过程中展现自己的主体作用，形成主动学习、主动解决问题的良好习惯。

六、有助于推动其他学科的学习

数学活动的开展可能涉及其他学科的知识，特别是数学建模活动，所涉及的问题不仅有其他学科的知识，甚至还有高中生还未涉猎的领域。活动的开展，将促进这些学科的学习。相反，其他学科的活动开展也会涉及数学知识。高中数学活动中跨学科的现象会越来越普遍。

七、有助于培养学生的学习品质

学生在活动过程中一定会遇到问题，面对问题如何去解决，如何寻找解决方案；在解决问题的过程中培养学生的选择能力和判断能力，一定会遇到困难和挫折，在困难和挫折面前，该如何正确面对和如何克服。这些都是学生需要磨炼和培养的学习品质。

从上面的阐述中，我们可以看到，数学活动可以促进学生的发展，锻炼学生的思维能力，培养学生的主动探索精神、合作能力、创造能力等，培养学生坚强的意志，学生在数学活动中获得的过程性知识为学生的发展奠定了基础，而这些都是数学素养的重要组成部分。

在数学教学中，积极引导学生进行数学活动，学生数学知识的获得、能力的提高、情感的丰富等才有可能尽快实现。

因此，开展数学活动对于学生综合素养的培养意义深远，值得提倡。心理学研究表明，能力是活动的结果。"从事活动是能力发展的基本途径。活动要求相应的能力，活动提供了应用和锻炼一定能力的机会。活动越多样，能力的发展也就越多方面。"

高中数学活动的开展对教师成长的作用

一、高中数学活动的开展将改变教师对自己角色的定位

教师的传统定位是传道、授业、解惑者，传统的以教师讲授为主的方式（"以教为主"、以教师为中心、以教材为中心、以课堂为中心），正逐渐转化为"以学为主"的方式，倡导学生是学习的主体，倡导学生主动学习，从本质上发挥学生的主体作用。而高中数学活动的开展正是培养学生自主学习的能力，提出问题、分析和解决问题的能力，与《普通高中数学课程标准（2017 年版）》（以下简称《课标》）的目标是一致的。高中数学活动的开展将促进教师的角色转换，明确教师在活动开展过程中的角色定位。教师在活动开展中的角色应该是以下几个方面：

（1）在活动开展中，教师的角色是设计者。数学活动无论是课堂上进行还是课外进行，大多数活动的课题是教师根据教材内容和学习进度精心设计的，只有少数的数学建模活动和数学探究活动是由学生自主发现问题和提出问题的。因此在数学活动开展中，教师首先是一名合格的设计者，设计好情境、问题，让学生去解决问题。这要求教师必须熟悉教材，熟悉数学知识与现实之间的联系，熟悉数学的历史，熟悉科技前沿。

（2）在活动开展中，教师的角色是开发者。数学活动的课题需要教师去研究和开发，不能盲目照搬他人的资源和成果，需要根据自己学校、区域的特色和所教学生的水平，开发出适合自身水平和特色的活动，最终形成有特色的校本课程。活动课题的研发凭一个人的力量是难以开展下去的，需要同一学校或同一区域的教师通力合作，资源共享。

（3）在活动开展中，教师的角色是引导者。数学活动开展过程是以学生为主体，教师作为活动的观察者、引导者，观察学生活动的过程。教师不是指导学生参与活动，特别是一些探究性课题，教师知道其中的规律和性质，如果过

多干涉和指导，就失去了学生探究的意义，学生无法体验探究过程中所遇到的挫折和成功。因此，在活动过程中，教师应大胆放手，只扮演引导者的角色，在学生需要的时候进行适当的引导。

（4）在活动开展中，教师的角色是合作者。学生的活动有些涉及高科技、跨学科的内容，所涉及的知识和领域也许是教师不熟悉的，甚至是未知的。此时，教师的角色可以是合作者，与学生一起合作，共同解决问题。教师与学生进行合作，不会失去为师的尊严，在共同研究、共同学习中还可以获得共同成长，这种陪伴式的成长历程将对学生的研究态度、终身学习会带来更深远的影响。

（5）在活动开展中，教师的角色是促进者。在数学活动开展过程中，可能知识储备不足、个人能力、小组合作能力等。会导致活动开展困难，此时教师的角色应该是活动的促进者、推进者，帮助学生克服困难，促进活动继续开展，而不是因为缺乏外部力量的促进导致活动半途而废。活动的开展要尽可能有始有终，哪怕活动没有达到预期结果，也要坚持下去，这是培养学生钻研精神和毅力的最好契机。因此，促进者的角色很重要，在学生进展困难时推一把，促进一下，让学生能顺利把活动开展下去。

（6）在活动开展中，教师的角色是顾问。数学活动开展过程中，教师应该从传统的"前台"退到"幕后"，从"指挥者"转变成"顾问"，真正放手让学生自己去实践去体验，不要担心学生在过程中会失败（失败也是一种好的体验，很多时候失败的经验会迸发出创新的火花）。教师要敢于退到"幕后"，做一个好"顾问"。

二、高中数学活动的开展促进教师教育理念的改变

高中数学新课程理念告诉我们：教师的职责不应该只是教给学生书本上的知识内容，更应该指导学生掌握适合自己的良好的学习方法，让学生能够掌握主动获取知识的能力；倡导学生自主探究，从他们的生活经验和已有的知识背景出发，并向学生提供能让他们充分自由发挥和交流的机会，促使学生在自主探究的过程中真正理解和掌握数学知识技能和思想方法，同时获得丰富的经验，并在获取知识的基础上得到发展、创新。

教师作为学生的引导者，首先要改变落后的教学观念，不断学习新知识，正确认识和对待数学探究、数学建模等教学活动模式，要有让学生建立数学探究、数学建模想法，并为学生创造良好的环境，给予相应的必要的引导。

从"重知识"到"关注人"是教师的课程观、教学观、学生观形成的标志性特征，也是学生必备品格养成的基本路径，有助于学生的健康发展、全面发展。

总而言之，在数学活动组织与开展的过程中，教师逐步从"以知识为中心"走向"以学生为中心"，获得专业理念的正向发展，实现让学生在适合的课堂教学中获得发展。对于教师而言，数学活动的开展，需要教师比较深入地了解学生，精准地指导学生；在数学活动过程中，也需要教师充分地相信学生，放手依靠学生，从而真正发展学生。

三、高中数学活动的开展将促进教师的终身学习

科学技术的飞速发展带来的不仅是生产的革命、技术的革命，也带来了教育的革命。课标下教师的"教"与学生的"学"都将发生巨大变化，对学生活动的设计、组织、引导和评价等，对教师的知识和能力的要求更高。为了有效组织学生进行数学活动，作为教师，必须清楚理解数学课程内容的内涵与思想，因为这样教师才能想到更多的相关活动方案，更能抓住教学内容的本质去设计和组织数学活动，从而了解概念产生背后的故事，明白方法发现的来源。教师要不断地提升自身的专业素养，在活动过程中，活动的进程存在不确定性，教师要有很强的专业知识，才能对学生的指导更到位，才能更好地把握指导的度和关键点。同时，活动的问题源自生活、源自现实世界，涉及的行业、领域广，教师在学生阶段接受的教育远远跟不上时代的步伐，教师需在教学过程中不断更新知识体系，不断丰富知识储备，接触新科技，才能胜任多重角色。因此，教师要树立终身学习的观念，从踏入教育行业开始，就开始学习，并言传身教，引导学生也树立终身学习的观念。

由此可见，数学活动的开展将促进教师的角色转变，角色的定位的转变将带来教学模式的改变，教育教学观念的变革将促进教师学习观念的改变。数学活动的开展不仅促进了学生的发展，也促进了教师的成长和发展。

高中数学活动开展中的常见问题

尽管我国教育改革的步伐不曾停歇，热潮一浪接一浪，随着课标理念的渗透，特别是当前核心素养的教育观的深化，许多学校和教师也逐渐认识到教学与实践运用相联系的必要性和重要性，开始重视教学方式的转变，但对于在高中学校开展数学活动，还是存在比较大的障碍，开展过程中常见如下几个问题。

一、学校层面的重视程度不够，相关目标和制度不明确，配套设施跟不上

出于当前对学校的评价仍以显性的考试成绩为主的现状，大多数学校对于"浪费时间""无从考查，故而无以体现成绩"的数学活动实施目标不明确，或者目标不能涉及操作层面。面对高考的考试压力和升学压力，学校不能真正花经费、力量和时间支持高中数学活动的开展，教师也不敢花时间和精力在数学活动开展上。从上到下，对高中数学模块课程实施是否给予实质的支持，对于活动内容有没有结合课程内容进行具体整合，影响着教师对高中数学教学的方向，即侧重于学生的考试成绩还是侧重于学生能力的培养、数学素养的提高。

学校的教学资源配置方面也跟不上。首先是观念上认为数学教学就是演算证明，一支粉笔就能搞定数学教学。其次是经费问题，特别是经济落后地区学校难以配备足够的信息技术设备、相应的教师用书、参考资料以及网络教学资源等，数学实验活动也因实验器材、活动场地限制以及活动课题设置需要做太多准备而使教师望而却步。美国、英国等国家及我国的上海等教育发达城市在初中就开设了数学实验室，我国的大学中也开设了不少数学实验室，但是其他地区在中学几乎没有数学实验室。对于让学生通过计算机操作的数学实验将不能有效进行，数学实验只能以简单的操作性实验为主。

学校的校本培训不足。普通高中数学模块课程倡导教师转变传统的教学观念、教学方式，这对教师的教学提出了更高的要求。为了保证高中数学模块课

程在学校得以有效实施，地方教育主管部门和学校本应长期为教师提供学习、交流的机会，提高教师的专业素养，但因观念问题、经费问题、师资问题等，数学活动被搁置了。

二、教师的理念还是过于传统，意识还不够到位，指导能力仍有待提高

现在，数学探究、数学建模等数学活动在我国大学里面已经得到了充分的重视和支持，正如火如荼地开展，而在中学阶段，由于长期受传统教学观念和教学模式的影响，教师的教学重心只放在了让学生学会基础知识，学会解答问题，掌握解题技巧，训练解题速度，能在考试时拿高分上，忽视了对学生综合素质和综合能力的培养。部分教师的思想落后于这个时代，他们故步自封，认为即使不将综合实践活动引入教学中，他们也一样可以教会学生考试，在高考中一样可以胜出；或者认为自己所教的学校层次低，学生能力差，学习都难跟上，怎么会有兴趣去搞数学活动。落后的思想观念导致落后的教育现状。师生已经习惯传统的教学模式，对数学课堂教学中的演示和操作环节尚能得心应手，比较难于接受数学活动形式的教学，认为那是"花架子""假大空"，认为数学就是要抽象的思维锻炼，搞实验、搞活动就不是数学教学该做的事情。一旦要教师自己去设计数学活动，教师就明显力不从心，而对成规模的实践活动则更是经验不足，无法开展。

在应试教育方式下，教学的主体是教师，由教师引导，采取主动的方式去推动学生学习，学生永远处在被动接受的状态。这对学生来说是非常不利的课堂教学因素，它抹杀了学生学习的主动性和主观性。一味地追求与教师思维观念相统一的制度，不利于学生的自主学习和创新发展，禁锢了学生的发散性思维。

有的教师则将指导学生变成了全盘指导，学生参与程度低，只是起到其中"搬砖"的作用，这样并不能很好地锻炼学生的交流和思考能力。学生根据教师讲解的活动目的、器材、步骤，像做广播操那样，按照规定的程式进行操作，去获取教师（或课本）所要求得到的实验数据（或结果），而没有动脑思考如何设计活动方案，有什么问题需要解决。这样的活动虽然结果很好，但没有实际的价值，对于教师而言是浪费时间，对于学生而言则是稀里糊涂，什么也不明白，甚至对进行这样的活动觉得莫名其妙。

开展数学活动需要教师具有更强的数学知识和科研能力，需要教师对于知

识的应用和建模的指导有更强的意识和能力，这就对教师素质提出了更高的要求。因此，很多教师由于安于现状，惰于自我提升，将数学活动开展变成程式化的活动。

同时，开展数学活动需要较多地运用计算机处理数据或编排图表，时常需要用到简单的程序设计知识，但当前不少数学教师，尤其是乡村中学的数学教师，对计算机知识相对生疏，对于编程，更是一概不知，这也是难以推动数学活动开展的一大因素。

数学探究、数学建模、数学实验等活动涉及多种学科知识的交叉融合，这就要求教师要有广阔的知识面，要进行专门的培训和不断的学习，无形中增加了教师的负担。

活动开展的推动者是一线教师，如果教师的观念未更新，不能在思想上认可数学活动开展的意义和作用，活动就不可能实施；如果教师的水平未达到，活动的开展也难以正常进行。

三、学生受考试功利心驱使，对于课外活动不感兴趣

当前，在传统的"应试教育"影响下，很多学生应试心理非常严重，读书即是为了考试，学生只学习考试中要考的内容。由于从小学一直以来的题型套路的灌输，学生对于考试以外的事物不感兴趣，失去了学生阶段该有的好奇心，也失去了知识运用的灵活性和创造力。高中学生数学学习的动机大多是为了应付高考，因此，学生从内心渴求数学思维地提升的心理需要是极其少见的，数学学习中的主动创新意识更是微乎其微，如何激发学生的内心渴求并形成思维与创新意识已成为广大高中数学教师需要解决的重要问题。

学生的班级学习氛围不浓和学生的数学学习兴趣不高。教师的教与学生的学是分不开的，学生的学习离不开周围环境和周围人的影响，良好的班级学习氛围有助于促进学生主动学习，提高学生学习的积极性，从而增强学生的学习信心。

另外，学生对数学的学习兴趣也是一个非常重要的影响因素，由于数学学科比较抽象严谨，对逻辑思维能力的要求比较高，长期以来学生对数学学习存在畏惧心理，缺乏兴趣，难以主动自主地学习数学，这也导致学生对数学知识掌握不佳，难以有积极的态度去参与数学活动。

综上所述，在数学活动的开展方面，学生存在的主要问题是：①学生观念上不认同，导致活动开展是被动的，学生参与度低；②学生实践能力不足，遇

到问题依赖心理重，自主解决问题的思想缺乏，学生基本技能不足，或遭遇挫折后活动容易夭折等；③学生在时间上安排不当，导致时间冲突，容易产生抢占其他学科的学习时间的现象，引起其他学科教师及家长的反对。

四、不少数学活动流于形式，活动单一，内容与活动脱节

在课标实施以后，也可能存在一种情况，一些学校和教师在形式上落实课标中的相关模块的活动，但是可能是为了活动而活动，与数学课程实际脱节，并不能与课堂教学的内容相衔接，难以指导数学活动的实践，这既制约着学生数学活动经验的获得与积累，也制约着数学核心素养和数学课程目标的达成。

如果数学活动与我们具体的教学内容脱节，那么学生不但不能很好地利用活动学习巩固知识，更为重要的是，学生的兴趣会有所不足，思维和能力也需要额外培养，精力有所分散，这将会使得我们的活动效果大打折扣。

因此，组织活动应该从长计议，结合课程内容，选择合适的课题，弄清楚学生从活动中能获得怎样的素养，做好系统的规划，充分考虑学生的兴趣和能力，这样才是最好的活动方案。

五、活动课题设计不合适，时间安排不合理，导致活动无序开展

在开展数学活动中，活动课题设计缺乏科学性，与所学习的内容脱节，与学生的实际脱节，导致学生参与活动的积极性和可行性降低。活动时间安排不合理，课堂上的活动时间太长会影响教学进度，课外活动的时间过短会导致活动开展不到位，时间拖得过长则影响学生其他学科的学习，也会导致学生兴趣下降。因此活动课题的设计与时间安排都需要教师精心设计规划好。

六、总结不到位，轰轰烈烈开场，不了了之结束

数学活动常常出现的情况是轰轰烈烈开场，开题时师生热情高涨，但随着活动的开展，问题的出现，学生出现懒散情绪、畏难情绪，把问题一拖再拖，小组之间如有成员出现合作不愉快的问题，活动更是难以开展下去。教师也可能因各种事务没有及时引导学生解决问题，从而使活动搁浅，最后出现的局面是有始无终，有了开题没有结题。

七、缺少评价，没有发挥好活动的功能

在数学活动开展环节中，学生的分享展示是使得学生形成系统知识和条理

思维的重要步骤，与此同时，教师做好活动评价也是非常重要的一环。做好评价更有利于鼓励和保持学生学习的主动性、创造性和积极性，更能帮助学生总结和反思活动中各方面的经验和不足。

然而，在数学活动中，部分教师或者因为不够重视评价的作用，或者因为较为缺乏评价指导的能力，没有对实践活动进行及时总结、概括和提炼，使得实践往往停留于动手操作的层面，而没有上升到数学知识、数学方法和数学思想的层面。这些在数学课堂教学中主要表现为起始于动手实践，终止于动手实践，又或者是经常以指出问题为主，欠缺表扬和鼓励，这些都是非常不利于活动开展的。

解决高中数学活动中存在问题的措施

一、统一认识，贯彻到位

从上到下统一认识，一是数学活动的开展是课程标准中的规定，从执行课程标准的角度讲是必须进行的。二是数学活动的开展与人才培养相关。这些认识不只是数学教师，教育主管部门、学校都要统一认识，并且要贯彻落实到位，每学期规定的学习时间要有保证，活动开展要确保进行，并进行过程记录。毕竟，对于"看不见成绩"的数学活动课程，如果没有教育相关部门的监督，学校没有制订好相关的课程安排，教师方面没有统一认识，都不能让数学活动很好地开展。

值得一提的是，从近几年的高考试题的命制来看，当今考试内容已经与课标中的核心素养更加紧密结合，相信以后会有越来越多的学校和教师注重数学活动。

二、做好教师的培训研修

数学活动的开展因其自主性、开放性、创新性，没有固定的模式，也不能生搬他人的经验，对教师的能力要求较高。只有教师比学生更善于学习，教师比学生更渴望学习，教师才真正会"教"；教师只有数学活动的意识和能力提高，才能指导学生开展活动。因此，加强对教师的培训研修非常重要。培训研修可以分为几个层次：①观念的改变，观念包括继续学习和开展活动的意识，也包括现代教学理念和新课标理念，教师要善于向一切可以学习的人学习，善于利用一切可以学习的途径学习；②知识的更新，更新知识体系，学习现代教学手段，学习信息化技术，不断提升自己知识面的宽度和高度；③数学活动的设计与开展的培训，可以让教师观摩实例，向已经开展活动较有经验的学校学习；④通过网络学习，网络学习可以随时进行，服务对象广；⑤本地区的研修，通过集中研修或网上研修的形式，促进本地区活动的开展。

三、结对帮扶，弥补地区差异

通过发达地区与欠发达地区之间的结对帮扶活动，利用好发达地区的经验、师资、资金等，帮助欠发达地区开展活动。这种模式比较有针对性，目标明确，能较快较有效地弥补地区差异。

四、选拔机制的改革

首先，现在的高校自主招生模式正是选拔机制的改革，自主招生对于活动的开展将起到促进作用。其次，高考考题上也应做出相应的改革。如何让数学建模、数学探究在高考试题上体现，以何种形式体现，也会对高中数学活动的开展起到促进作用。最后，举办各种层次的数学知识应用竞赛，也会对数学活动的开展起到促进作用。

第三章

3

高中数学活动的开展

　　数学活动开展的主要流程是选题、开题、活动过程、结题、总结评价。选题，可以是学生自主选题，也可以是教师给出题目，或给出一定的范围让学生进行选题；开题，是活动的准备阶段，包含了文献资料的准备，还有方法、措施等的准备，以开题报告的形式开展；活动过程，即活动的实施过程，其间，学生或自主思考，或共同讨论，或动手操作，或记录数据，最后得出数学结论的过程；结题，是数学活动在结束之后的书面文字报告；总结评价，是对活动最后的总结、回顾、反思，以及学生之间的互评，教师对学生做出评价。

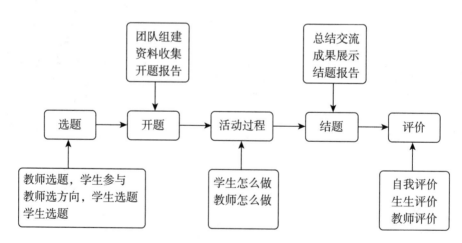

数学活动开展的主要流程

高中数学活动的选题

一、数学活动的选题原则

高中数学活动的内容主要取决于教学内容，选题一般与所学内容同步，随着知识储备增加，可跨学科、与现实生活联系进行。数学活动选题是活动开展的关键，应遵循的原则有以下几个方面。

1. 主题明确

选题应该目标明确，确立主题，为什么选取这个课题，选取这个课题研究的目标是什么，想让学生收获哪些预期目标。教学有教学目标，数学活动也必须有其活动开展的目标，以避免为了完成选题任务而选题。

2. 切合实际

选题既要切合学生实际水平，也要切合高中课程实际。所选的课题一定要符合学生的知识结构和认知水平，要考虑学生能否参与，是否具备可操作性，最好是结合教材的进度进行选题。依据"最近发展区"理论，选题可以有难度，但是学生可以通过适当教师的指导克服，也就是跳一跳就能摘到果子。脱离实际情况的选题，会使活动无从开展，学生参与活动的积极性会大打折扣。

3. 合理性

所选的课题要符合科学原则，符合事实，不能凭空捏造，所选的课题不宜太大太广（这样的选题不切合学生的实际）。数学活动虽然不是让学生搞科研，但是数学活动可以培养学生科研精神，帮助他们去研究问题，解决问题。选题的合理性，在活动开展中才具有科学性。

4. 探索性

所选的课题可以是对数学本身学科知识或性质的探究，也可以是现实生活的问题数学化的探究。这些课题可以是教师熟悉的，但学生未知的，需要学生通过探索研究去发现问题、解决问题。爱因斯坦曾说过："我没有特别的天赋，我只有强烈的好奇心。"活动选题应该具有探究性，能充分调动学生的好奇心，使其去探索未知。

5. 扩展性

选题要有一定的开放性和扩展性，才有利于提高学生的思维能力，培养学生的创新精神。数学活动中，重要的不是活动的结果，而是学生在活动过程中的成长，所以选题要具有一定的开放性和扩展性，能使学生更加容易开展。结果的不唯一性让学生可以从不同的角度去看待问题、解决问题。结论的扩展性，会使学生更有成就感。

二、数学活动的选题类型

1. 数学活动选题的分类

数学活动的选题一般可分为知识形成体验型、数学性质探究型、数学实验操作型、数学建模型、数学知识应用型、数学文献研讨型六种。

（1）知识形成体验型。有些知识课本中已讲述或有明确有结论，但学生通过活动去体验知识的形成，可以提高学习兴趣，提高钻研能力。例如，学习三角函数的诱导公式，可以让学生通过自主探究去发现规律，比死记硬背公式会让学生记忆更深刻。又如，学习指数函数、对数函数和幂函数后，可以让学生通过计算机作图软件去对比三类函数的图像，让学生自主体验和感知"指数爆炸"，用更直观的方式去验证课本的结论。

（2）数学性质探究型。根据学生在学习过程遇到的问题，以问题为导向，对数学性质进行探究。这些性质可以是教师熟悉但学生未知的，学生通过探究去发现规律和性质。如学习《导数》后，可以进行"探究函数性质：$y = ax^3 + bx^2 + cx + d(a \neq 0)$"这一课题研究，学生利用所学的知识，对在课本上反复出现的这类函数进行性质探究，以提高应用知识发现规律的能力。也可以对学生练习或考试题中所提到的问题进行扩展探究，如"探究抛物线的阿基米德三角形的性质""探究椭圆的蒙日圆的性质"，这些选题都来源于题目，需通过题目中的特殊性去探究一般性质。

（3）数学实验操作型。从问题出发，通过动手操作实验，利用实物模型或数学教具，或借助计算机模拟实验，探索和发现问题、解决问题，从而让学生获取直观的体验。例如，立体几何中的"正方体截面的研究""圆柱体截面的研究""几何体的展开图探究""几何体的制作"等课题就属于实验操作型，学生的活动过程中运用了相关工具，如使用各种工具和材料制作模型。又如"计算机模拟估算概率问题"，通过计算机模拟，可以模拟抛硬币的概率问题，模拟几何概率问题等。

（4）数学建模型。学生将日常的生活问题、生产和经济等问题，选择适合的数学模型，转化为数学问题，并通过解决数学问题来解决现实问题。数学建模对培养学生用数学眼光观察世界、应用数学意识和解决问题的能力具有重要作用。数学建模活动可以说是高中数学活动开展形式中对能力要求最强的一种类型。例如，学习了《独立性检验》，可以让学生选择一个日常问题进行研究，也可以就身边的一些问题进行研究，如校门口塞车问题、学校走班制的课程表安排问题等，都可以作为研究对象。

（5）数学知识应用型。利用所学的数学知识去解决实际问题，如学习《数列》后，进行"等额本金与等额本息贷款的研究"，通过研究分析，对如何选择合理的还贷方式给出合理的建议。如学习《解三角形》，开展测量活动，利用所学的解三角形知识，去实际测量物体的高度，在活动过程中，提高学生运用知识的能力和解决问题的能力。数学活动还可以跨学科进行，如物理、化学科的实验数据处理，就可以与数学的数据分析结合起来，利用统计中所学到的知识去解决物理、化学科的实验数据分析问题，形成一个跨学科的课题。

（6）数学文献研讨型。确立一个主题，如学习《函数》后，确立一个主题，如"函数的概念的发展""指数函数概念形成""对数函数的概念形成"，学生通过上网或到图书馆查阅相关的文献资料，进行阅读学习，在阅读中了解主题的相关内容，了解这些概念的形成过程，了解相关数学发展史，提升数学文化素养。数学文献研讨的目标在于引导学生学会查阅资料，善于利用网络和各种媒体资源获取信息（新课标倡导的自主探索、阅读自学的学习模式，这些学习模式将让学生终身受益）。

2. 数学活动选题的活动时间分类

数学活动的选题按活动时间来分，一般可分为课内活动和课外活动。

（1）课内活动的课题内容比较简单，耗时较短，一般与课堂所授的知识直接相关。选题方面可充分利用好教材和教学参考的内容（有很多事例可以直接用，也可以根据教学内容自主选题，一般可以考虑对课外的活动内容进行小问题改编，为今后的课外活动做铺垫）。例如，分段函数的教学可利用课本有关个人所得税的习题进行课堂上的活动，这一课题还可以继续在课外开展。课内的选题需要教师对教材内容熟悉，能找到与教学内容相关的问题进行改编，对教师的要求比较高。课内进行的活动优点是将活动意识渗透在日常教学中，全体学生都参与，有利于培养学生的应用意识。

（2）课外活动的课题在内容与形式上比较自主和开放，可以与目前所学的内容同步，也可以根据问题进行，时间也比较宽松，可以从一周到半学期，甚至可以利用寒暑假进行。课外进行的活动优点是活动时间长，学生能更深入地去探索、研究，能对问题有更全面的认识，能培养自主学习、自主探究的能力。建议在高一高二期间，学生都要参加课外的数学活动，活动次数一学期不要超过两次，建模活动一学期一次为宜。

三、数学活动的选题方向

数学活动的选题方向主要遵循学生的学习内容。例如，概念、定理的学习，可让学生了解数学概念、定理的形成过程并作为选题方向，这种选题方向明确，适合大部分学生参与。数学知识的应用作为选题方向，根据所学的内容，选择相关的现实问题作为研究方向，这种选题目标明确，适合大部分学生参与。数学性质和规律的发现过程也可以作为选题方向，如三角函数的诱导公式的探究，可以作为选题，这类选题的结论是课本中已有的，学生通过活动去体验结论的生成过程，大部分学生都可以参加。例如，"杨辉三角的性质探究"，这类选题是课本的阅读参考资料，课本中没有结论，探究的性质因学生的能力会呈现不同的层次，适合有一定基础的学生参与。由数学题目出发，探究更深入的一些性质，如从课本中的题目出发，以"探究函数性质：$y = ax^3 + bx^2 + cx + d(a \neq 0)$"为选题方向，利用所学的知识对函数的性质做更深入的探究。也可以从高考试题出发，例如，2007年的江苏高考圆锥曲线题，把此题作为选题方向，探究"抛物线的阿基米德三角形的性质"，这类选题起点高，所研究的性质可能超出高中课程的内容，适合数学学习能力强、数学基础和数学素养较高的学生。把从现实世界中提出的问题作为选题，如"个人所得税的计算""学校门前塞车问题调查"等，对学生和教师的能力要求都较高，如何提出一个合适合理的问题，如何开展活动，教师如何进行指导等，都将面临挑战。

四、数学活动的选题方式

数学活动的选题方式根据学生的能力和所在年级的情况而定。一般方式可以是：

（1）教师选题，学生参与。教师根据所学内容的需要和学生实际进行选题，让学生参与。这种方式适合课堂上进行的活动，适合学生整体水平比较低的情况，特别是刚上高中，学生还未适应高中学习的情况。这种选题教师容易把控活动（学生的实施方案可不可行、所需知识储备，教师是可以预知的）。学生受限性大，可操作性强。若学生能发挥创造性，老问题也能有贴合现代气息的解决方法。

（2）教师选方向，学生选题。教师根据实际情况，选择一个研究方向，学生根据自己的能力选择其中的一个问题进行研究。这种方式适合高二学生，能力水平中等的学生。这种选题，让学生在一定的范围内有了更大的自由度，选题不一样，方法也会层出不穷，也会出现难以实施的问题，这时，教师就要发挥指导性的作用。例如，研究相关性问题，或许会出现性别与购物次数、数学成绩与物理成绩、年龄与身高等相关性，其中涉及不同的统计、抽样，落实到具体的操作上难易度不一。虽然这种选题增加了难度，却能调动学生参与活动的积极性。

（3）学生选题。学生根据自身学习过程中遇到的问题进行研究，或者根据现实问题进行研究。我们提倡学生能自主提出问题、解决问题，学生提出的问题不一定要很高水平，但一定是经过思考后提出的，这是培养学生学习能力和解决问题的能力最佳方式，也是符合新课标提出的培养学生用数学眼光看世界，用数学思维和数学方法解决问题的能力。

不论哪种方式的选题，都要经过论证，都要遵循选题原则，不能为选题而选题。

五、数学活动的选题参考

1. 函数部分

（1）利用计算机绘制函数图像。

（2）认识奇偶函数图像并构造奇偶函数。

（3）研究指数、对数函数图像及相关函数性质。

（4）利用二分法求函数近似值。

（5）利用三角函数线绘制三角函数图像。

（6）利用计算机探索三角函数图像变换。

2. 立体几何部分

（1）制作空间几何体。

（2）利用祖暅原理求球的体积公式。

（3）欧拉公式的归纳与猜想。

（4）正方体的截面图形。

（5）空间中线面的位置关系。

3. 解析几何

（1）魔术师的地毯。

（2）利用圆锥曲线的定义画动点轨迹。

（3）利用圆锥曲线的第二定义画动点轨迹。

（4）从折痕的包络得到圆锥曲线图形。

（5）椭圆的光学性质。

（6）天文学与圆锥曲线。

4. 解三角形

（1）三角形多种面积公式的推导。

（2）利用解三角形进行实地测量计算。

5. 数列

（1）杨辉三角。

（2）"斐波那契数列"。

（3）等额本金与等额本息贷款。

6. 导数与积分

（1）曲线切线斜率与导数定义。

（2）定积分的概念。

（3）利用导数研究 N 次函数的函数性质。

7. 统计与概率

（1）设计抽样方法。

（2）设计回归方程并预测。

（3）从频率到概率的认知。

（4）从概率上认识彩票中奖问题。

（5）利用列联表的方式进行相关性研究。

（6）利用古典型与几何形概率估算 π。

六、实际应用问题选题参考

（1）（第十九届北京高中数学知识应用竞赛初赛）小颖看到一卷卫生纸（见图 1）上标明了质量，她想验证一下，就来到物理实验室，用天平称后，正好是180g。接下来她又想知道这卷卫生纸的长度和单层卫生纸的厚度，但又不想将卫生纸全都展开。请你利用物理实验室和包装上（见图2）的信息，为小颖设计一种实现想法的方案。

产品规格：180克/卷 10卷/提
纸张规格：138mm × 104mm

图1　卫生纸　　　　　　　　　图2　卫生纸规格

（2）（第十七届北京市高中数学知识应用竞赛初赛节选）英语教研组的7位老师对学生的英语水平提出了4个评价要素"听、说、读、写"，但老师们对这四个指标在评价中的重要程度认识不统一。请你设计一种方法，综合老师们的意见，解决如下问题：

① 最能反映老师们的意见的能力指标的排列顺序是什么？

② 在①的基础上给出学生综合能力的计算方法，并针对王淼同学的四个能力指标的测试成绩（听56分，说71分，读92分，写69分；每一项的满分都是100分）给出她的英语综合评价成绩（满分是100分）。

（3）（第十届北京市高中数学知识应用竞赛决赛）两条河 RO，SO 交汇于点 O，（为简单起见，两条河假设是两线段）某人每天从他的住处点 P 先去河 RO，SO 取水样，再把水样带到点 Q 处化验。如图3所示。

① 画出从点 P 到河 RO，再到河 SO，然后到点 Q 的最短路线，并给出具体作图步骤。

② 画出从点 P 到河 SO，再到河 RO，然后到点 Q 的最短路线，并给出具体作图步骤。

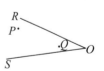

图3　路线图

③ 上述两条最短路的长度恒等吗？如果不恒等，试给出它们相等的条件，并指出何时①中画出的路的长度小于②中路的长度。

（4）（第四届北京高中数学知识应用竞赛决赛）某城市准备举行书画展览，为了保证展品安全，展览的保卫部门准备安排保安员值日。情况如下：

① 展览大厅是长方形，均匀分布着 $m \times n$ 个长方形展区，如图4所示（图4是一个 3×4 个展区的示意图）。在展厅中，展览的书画被挂在每个展区的外墙上，参观者在通道上浏览书画。

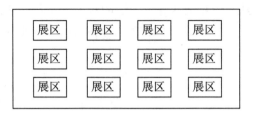

图 4　展区示意图

② 保安员站在固定的位置上，不允许转身，只能监视他的左右两侧和正前方，形如一个"T"形的区域。

一是不考虑保安员的轮岗、换班问题。

二是展品的安全意味着每一个展区的四面外墙都在保安员的监视范围内。

问题：

① 对于图 4 的展厅中，最少需要几个保安员能使展品安全？在图中标明保安员的位置（不要求证明）。

② 假如展厅有 $n \times m$（$n \geqslant 3$，$m \geqslant 4$，$n \in \mathbf{N}$，$m \in \mathbf{N}$）个展区，最少需要多少个保安员能使展品安全？请证明你的结论。

（5）（第十一届北京高中数学知识应用竞赛决赛）在军事演习中，红方将在甲、乙两个相距很远的地方从海上登陆。蓝方在陆地防守，以阻止红方登陆。假设蓝方有三个师的兵力，红方只有两个师的兵力，而且蓝、红方在甲、乙两地安排、部署兵力时，必须以整师为单位，不能拆散。在甲、乙任何一个阵地，两军相遇，我们规定兵力多的一方胜利；若两方军力相等，根据易守难攻的原则，我们规定蓝方胜利。显然，无论从兵力的数量上，还是胜负的规则上，对红方都不利，只要红方在甲、乙任意一地登陆就认为红方胜利登陆。

如果任何一种安排兵力的方法都是等可能的，在没有其他任何信息的情况下，试计算红方胜利登陆的概率。

高中数学活动的设计

高中数学活动设计是从活动的各个要素之间的关系以及被发现的规律出发设计活动方案，使问题的解决程序化、步骤化。它是在一定的条件下，为达到特定目标，利用已知的原理规律，选择和确定最好的策略去创造性地进行数学活动设计。

高中数学活动设计要在科学性的基础上强调实践性与操作性。活动设计是对整个过程的规划，是一套方案。它要根据现代教学理论，对现有教学内容进行加工，从中找寻有利于进行数学活动的内容，通过精心设计，强化数学特征，再现数学思维，让学生通过动手操作，实现知识的建构与迁移。

一、高中数学活动设计指导思想

1. 数学活动设计要服务于教学内容

高中数学活动不能是"无源之水，无本之木"，数学活动就是应用数学知识，做数学，让学生把所学的数学知识应用在活动中，所以在数学活动设计中，要把数学知识与数学应用相结合，在数学活动中尤其是在设计较为基础的数学活动时，体现所学内容，做到一举两得，让学生学以致用。或者让学生初步开始接触数学活动设计时。

如：

问题1：在一定的精确度下，利用曲边梯形近似推导椭圆的面积公式。

问题2：你能不能推导出椭圆的面积公式？

对于问题1，该设计把积分思想中的化曲为直与圆锥曲线中的椭圆有机结合在一起，既能让学生在熟悉的情境中开展活动，也让学生能快速入手进行活动；既能让学生参与活动，也能把课程内容自然地融入其中。

对于问题2，利用椭圆的对称性，只要计算出椭圆在第一象限的面积再乘以4

即可。椭圆 $\dfrac{x^2}{a^2} + \dfrac{y^2}{b^2} = 1(a > b > 0)$ 在第一象限的表达式为 $y = b\sqrt{1 - \dfrac{x^2}{a^2}}$，

由三角换元可设 $x = a\sin t, \therefore \sqrt{1 - \dfrac{x^2}{a^2}} = \cos t$

$$\therefore S = 4\int_0^{\frac{\pi}{2}} ab\cos^2 t\,\mathrm{d}t = 4ab\int_0^{\frac{\pi}{2}} \dfrac{1 + \cos 2t}{2}\mathrm{d}t = 2ab\left(t + \dfrac{1}{2}\sin 2t\right)\Big|_0^{\frac{\pi}{2}} = \pi ab$$

2. 数学活动设计要有可实践性

数学活动设计要有利于学生动手实验，有利于把抽象的数学知识通过学生自身操作转化成具体的、可视化的实验。数学知识是抽象的，但数学活动是具体的。通过活动设计，学生在活动中动手操作，让思维活跃于手中，让知识成型于活动结果中。通过动手实验体会数学，能让学生体会数学知识的生成过程。在化学实验中，学生能感受到物质的变化；在物理实验中，学生能感受到状态的改变；在数学活动中，学生也可以感受到图形的生成。

如：

问题1：利用椭圆的定义画出椭圆。

问题2：利用折纸法画出椭圆。

问题3：如何利用椭圆的定义证明折纸法得出的图形椭圆。

3. 数学活动设计要有利于激发学生的创新精神、提高实践能力、促进团队意识

在一个鼓励万众创新的时代，活动设计也要紧跟时代步伐，从生活出发，让学生发现数学、应用数学。同时，高中数学新课程标准指出：高中数学课程对于发展智力和创新意识具有基础性的作用；高中数学课程应力求通过各种不同形式的自主学习、探究活动让学生体验数学发现和创造的过程，发展他们的创新意识。

4. 数学活动设计要有利于激发学生的学习兴趣，弥补传统学习方式的不足

抽象的符号、严密而繁杂的证明还有学生单向性听教师的讲授，或多或少让学生感觉与己无关、无趣。但数学是美的、有趣的，我们缺少的是一颗发现美的心。教师应通过活动设计，让学生能发现数学的美，感受到数学的有趣。

如：

问题1：请研究"斐波那契数列"的通项并发现自然界中的斐波那契数。

问题2：请研究"斐波那契数列"的相邻两项的关系与黄金比例的关系，并探索生活中的黄金比例。

数学与生活是息息相关的，我们要让学生发现生活中的美，同时感受到数学的美；要让他们知道数学不仅是抽象的、严谨的，也是美的。

二、高中数学活动设计原则

高中数学活动设计的过程就是指导学生发现问题、分析问题、解决问题的过程。高中数学活动设计要以活动为载体，让学生经历数学知识的探索过程，在活动中发现数学、体验数学、理解数学、应用数学。指导思想是问题先行，先学后做，以作为教，头脑风暴，共同发展。

（1）"问题先行"，就是先提出问题，设计好问题，以问题为引领发散出所涉及的知识面，以问题为依托发展学生的能力。爱因斯坦曾说："我没有什么特殊的才能，不过是喜欢寻根刨底地追究问题罢了。"可见问题的重要性。高中数学新课程标准中提到了"四能"，即发现问题能力、提出问题能力、分析问题能力、解决问题能力，排在首位的就是发现问题。设计问题可以以教材内容为依据。在高中新课程中，函数、几何、运算、算法、统计概率、应用，是高中数学新课程的 6 条主线，构成了高中数学的基本脉络，教师可以根据主线内容设计问题；设计问题也可以从生活出发，在生活中发现数学问题，或者把生活中的问题数学化：①根据个人所得税税率计算应缴的个人所得税，这就是一个分段函数的计算问题；②设计问题可以来源于生活，生活中处处是数，处处是图形，处处都蕴含着两个变量的关系，教师要发现学生身边的数学，也应该鼓励学生发现生活中所蕴含的数学问题。

（2）"先学后做"，从教师的角度讲，教师要先预判该数学活动所涉及的知识内容、层次等（教师是否要先学习相关知识再指导学生学习）。从学生的角度讲，学生除了要用到课堂上所学的知识，还要大量查阅相关资料，甚至自学部分内容，或者深化所学内容以解决新问题、新情况。建构主义理论认为：学生是认知的主体，是知识意义的主动建构者，数学学习应是主体的一种自觉行为，是其经验与认知的投入和重建，是一种具有探索性地再创造活动。所以在活动设计中教师要让学生先学习相关知识内容，在设计中体现知识的认识过程。例如，在实验球的体积公式中，学生应先学习圆锥、圆柱的体积公式，并发散学习祖暅原理，再通过活动设计体现所学知识。

（3）"以做为教"是指在数学活动中，以学生主动学习，自主操作为主，教师在数学活动中变成活动的辅助者、指导者、评价者，教师在学生做的过程中指正、指导学生；瑞士著名心理学家皮亚杰的"操作内化"原理认为，主体只有在动手操作的活动过程中才会将数学知识内化为认知结果，达到意义的建构（数学活动中的操作步骤，就体现了学生的主体性）。

缺少做的数学活动，只能是一种演示。例如，在三角函数图形变换中，教师让学生通过变换几何画板中的参数，观察对比图形的变化，与教师通过演示变换的效果是截然不同的。"做"数学，积极调动了学生的学习积极性，这是"看"数学无法比拟的。

（4）"头脑风暴"是指学生在数学活动中，遇到问题、困难要讨论交流，把每个人的想法讲出来进行交流，共同探索解决的方法。因为学生是以小组的形式开展活动的，以小组为单位完成活动的，所以从形式上很容易促进讨论交流。学会讨论交流，是现代社会的基本能力之一，也是新课程标准对学生的基本要求，所以，活动设计应该让学生共同研讨解决方案，各小组之间在不断比对、讨论中改进方案。

（5）"共同发展"是指在整个数学活动中，不仅教师要走出传统课堂的框框，尝试不同的教学模式，以使学生学会知识、运用知识而且要改变教师的地位，充分发挥学生学习的能动性。在数学活动中，学生在"做"中学习、运用，教师在辅导中提高。小组中，同学之间要共同发展，教师与学生相辅相成、共同发展。在活动中不仅教师和学生的知识能力会共同发展，教师与学生、学生与学生之间的情感也会加深。

高中数学活动的开题

一、团队组建

现代社会竞争是全方位的，也是激烈的，但是善于合作、注重团队意识则是现代社会对人才的基本要求之一。在《普通高中数学课程标准》中对数学建模的要求就提出：学生在数学建模中应采用各种合作方式解决问题，养成与人交流的习惯，并获得良好的情感体验。数学活动不仅是单纯的解答一道数学题，它包括了开题、实施、结题、总结等多个阶段，是一个系统性的活动，所以在数学活动开展之前要进行团队的组建。

1. 优势互补，同向合力

团队组建要树立多元意识。在数学活动中，除了掌握必要的数学知识外，很多时候还涉及众多学科、各个领域的多元知识。但是任何一个学生都不可能具有所有优点，每一位学生都有其自身优点，有他人所不具备的长处，所以学生间需要技能互补性的成员相互影响、学习，形成合力。

团队组建还需根据活动的内容考虑学生的能力水平，一般活动对学生能力要求不高，活动内容难度高的要求学生能力也要强。因此，有些活动可以直接用学生原有的学习小组，这有利于小组建设，活动开展也比较方便。有些活动需要重新组建团队，特别是建模活动或探究活动，对学生要求比较高，需要集中年级中的数学尖子甚至跨年级组队。

一般以 3~4 人形成异质化小组，让具备各种特长的学生合理分布于各小组。小组成员不宜太多，避免人浮于事。团队组建好后，教师也要适时跟进，避免出现个别学生只为参与活动取得学分，在活动过程中边缘化（这不利于活动的开展，也容易造成负面的影响）。

2. 善于利用各方面的人力资源

团队的主体是学生，活动开展过程中学生会遇到一些依靠自身能力难以解决的问题，此时活动小组就要善于用好各方面的人力资源，如老师，特别是活动中涉及跨学科的内容，更需要利用好老师这一重要的技术指导。教师在指导学生活动时，也要善于引导学生之间进行相互学习，用好高年级的学生（既可以对低年级学生进行指导，也是对高年级学生个人能力的提升）。此外，学生活动可能涉及社会各个行业，要充分利用好家长或社会人士，获得他们的帮助和支持。

3. 活动引领，团队协作

在 2001 年国家颁布的《基础教育课程改革纲要》中就指出："改变课程实施过于强调接受学习、死记硬背、机械训练的现状，倡导学生主动参与、乐于探究、勤于动手，培养学生搜集和处理信息的能力、获取新知识的能力、分析和解决问题的能力以及交流与合作的能力。"

数学活动是一个平台，给学生提供了一个团队合作的机会。数学活动是一个载体，让学生有了讨论交流的机会。活动中的每一个阶段都以团队的形式开展，通过分工、交流、资源共享共同解决问题，让每一位成员都参与其中。在活动中，体现出平等交流、互助合作。

当今社会是一个逆水行舟，不进则退的竞争环境，人是社会的人，是群体中的人，所以社会发展也是需要团队协作，需要合作精神。完成数学活动是小组的共同目标，为此小组的每一个成员都应该相互帮助、真诚合作。在活动中，培养同学之间真挚的感情、高尚的品德。

4. 分工明确，责任担当

磨刀不误砍柴工，在数学活动开展前，团队成员要分工明确，做到工作不遗漏，不重复；做到活动中的每一项工作有人落实。同时，团队中每个成员都要认真做好工作，为最后的成果贡献力量，做到有担当。例如，小组成员各负责活动的某一部分：A 同学负责实验操作，B 同学负责测量，C 同学负责记录数据。但在小组分工合作中，要避免成员只是片段性地参与活动，最后的活动结果应该是所有成员共同讨论，共同操作而得到的。

每个人的能力各异，优点各不相同，在小组分工中，要根据成员特长进行合理分工，使得每个成员的优点都能有效发挥，既能使活动顺利进行，也能让学生体会到自身的价值，体验到成功的喜悦。

5. 选好负责人

"要想火车跑得快，就要车头带。"活动过程中需要一个团队负责人，担任负责人的学生需要具备在老师和同学之间良好沟通的能力，有些活动需要对外联系，还要分工合作，安排好活动的各项任务，整个活动过程中还需协调好各种关系。一个活动对负责人的领导能力和协调能力都是很好的考验。因此，团队组建需选好负责人，负责人要有较强的沟通协调能力、领导能力和号召能力，能带领团队开展活动。

二、查阅资料，撰写活动方案

数学活动所涉及的知识面较广，可能会有跨年级的知识，可能涉及高等数学的知识，还可能有跨学科的知识。所以在数学活动开始之前，学生要审视自身已有的知识，看看还需要准备哪些相关知识。这是原有认知与新知的碰撞，也是活动开展的前期准备。准备过程能有效地激发学生对学习数学新知的兴趣。对于教师，要判断学生前期准备的可行性，避免超越学生的认知水平。

在《普通高中数学课程标准》中对教学中的要求提出：学生在发现和解决问题的过程中，应学会通过查询资料等手段获取信息。学生在数学活动开题的时候，应通过多种途径查阅资料，准备研究所需方法、工具，如可以借助学校的图书馆、阅览室的图书、杂志；可以借阅以前同学的活动报告；可以借助网络上的资源，如搜索引擎、知网、图书馆等资源。"他山之石，可以攻玉"，学生通过查阅资料可以借鉴他人的研究方法、思路，可以通过相关文献了解最新的研究动态，可以通过网络进行相关知识的学习。在活动开展中，教师可以结合自身实际，做到有的放矢，少走弯路。但是，在目前一个资讯爆炸的时代，有用的、无用的、多余的、繁杂多样的信息扑面而来，学生要学会甄别对自身活动真正有用的信息。在网络时代，学习的方式正发生改变，通过网络途径进行学习将成为一种必需的学习方式（这也是终身学习的重要途径）。让学生查阅和阅读资料和文献，也是《普通高中数学课程标准》所倡导的。

在收集完资料之后，学生填写文献收集、学习收获归纳表（见表1）与活动方案。学生要把在收集文献过程中所学习到的内容做好记录，它既是之后活动开展中的资料索引，也是活动的一个记录，更是之后活动评价的因素之一。

表1 文献收集、学习收获归纳表

小组名称	
活动课题	
我们待解决的问题	
我们收集到的文献	
文献中对解决我们问题有用的结论	

三、开题报告

在确定选题之后，小组成员通过多种途径查询资料，并记录在文献收集归纳表中，了解活动相关内容的资料，在小组成员讨论的方式下确定数学活动要研究的内容、重点，初步拟定活动方案，最后形成一个文字表述的开题报告。开题报告重点要回答的问题是：为什么做，做什么，怎么做，做出什么。

开题报告是数学活动的起始环节，开题报告是反映学生活动质量的重要途径。开题报告要包括：①选题目的；②参考文献、方法；③研究内容；④活动方案；⑤指导教师意见。

选题的目的：活动为了解决哪些数学问题或者实际问题。

意义及背景：活动具有哪些理论价值、实践意义和实际应用及推广，活动是在什么历史或现实背景中进行。

参考文献、方法：在相关活动中，哪些人已经做了什么，有什么结论，在国内外有哪些相关的研究方法。

主要活动内容：对活动内容进行详细说明，对一些核心问题、关键词汇要表述完整。

活动方法及措施：对为活动而选取的方法、措施进行表述。活动的实施分成几个阶段，每个阶段计划如何实施，如何操作。

活动预期成果：对活动成果的形式进行说明。成果的形式可以是活动研究报告（见表2）、论文、模型成品等。

表2　××开题报告

题目			
小组名称		指导老师	
一、选题目的和意义及背景			

二、参考文献、方法
三、主要活动内容
四、活动方法及措施，包括活动设计、调查计划
五、活动预期成果
六、指导老师意见及建议   指导老师签字： 年　月　日

　　在开题阶段，学生应该对小组活动的内容、目标、方法、措施等有一个较为完整的想法及实施计划。同时，教师可以专门安排一个开题仪式，组织各小组之间进行讨论，教师也要对学生在开题中制定的方法、措施进行必要的指导。

高中数学活动的过程研究

在传统数学教学中，大部分教师遵循德国赫尔巴特提出的三个中心：教师中心，教材中心、课堂中心。与赫尔巴特教学思想形成鲜明对比的是美国杜威教学过程的三个中心：学生中心、活动中心和经验中心。高中数学活动的实施更要遵循杜威的三个中心。在数学活动中，以学生为主体，以教师为指导，在团队中交流合作，以完成活动。数学活动很多时候是结合实际情况形成的全新的内容，无论是学生，还是教师都面临着全新的考验，所以在数学活动的过程中，学生与教师要相互讨论、相互学习（是一个不断进步的过程）。

一、学生如何做

《普通高中数学课程标准（2017年版）》（以下简称《课标》）中要求对学生进行全面、可持续的培养，提升数学建模、数学抽象、数学运算和直观想象素养，提升应用能力和创新能力。在数学活动中，学生应该勤于动手实践，敢于猜想证明，善于沟通协作，借助数学活动，提升自身的数学核心素养。所以，在活动的开展过程中，学生动手操作是核心内容之一。

在数学活动中，学生的重点在于动手实施，把活动实施方案通过实践，落实在实际操作中。具体体现为以下几方面。①做活动。在美国华盛顿儿童博物馆的墙上有一句格言，"I hear, I forgot；I see , I remember；I do, I understand（听到的，过眼云烟；看见的，铭记在心；做过的，沦肌浃髓"。在《课标》中提出的"四基"中就包含了基本活动经验（四基：基础知识、基本技能、基本思想、基本活动经验）。浙江省功勋教师张天孝在《关注数学基本活动经验》中指出：数学基本活动经验的三要素指数学的、经验的、活动的。所以做活动是学生获得数学基本活动经验的重要途径之一，"做活动"在知识获得过程中具有重要作用。在活动过程中，学生要实践操作、自主探究、合作交流，在过程中发现问题、归纳、猜想，分析问题，得出结论，最后解决问题。②记数据。

活动会产生数据，学生要记录好活动过程中所产生的数据。有了数据才能用于计算，才能用于作图、制表，才能进行量化比较。活动的结果要以数据为依据，得出活动结论，这样得出的结果才有说服力。没有数据的结论，都是无本之木。③记过程。在活动中，小组应该把活动的步骤用文字记录下来，与活动实施方案进行比较，看是否有改变，活动过程要进行拍照或录像，方便以后总结、展示。④写报告。在活动开始之前，学生要做好准备工作，想好解决方案，写好活动实施方案，使得活动可以顺利开展；在活动结束后，学生要书写数学活动报告，把活动的全过程形成文字记录下来；最后，还要写结题报告，学生不仅要回顾整个数学活动，还要总结反思。

在数学活动中，不管是学生"做""记""写"，重点都在于"做"。学生会遇到这样或那样的问题，但是要尝试去做，想办法去利用各种方法、途径、资源去解决问题，正如那句话："问题像老鼠，人来了，它就走了。"

二、学生活动基本原则

1. 动手操作，动脑思考

学生动起来、小组动起来是数学活动与传统数学课堂教学的显著区别之一。动起来，不仅是动脑思考，动笔计算，很多的数学活动，学生还需要进行测量、作图、制表，再进行数据处理，从而进行对比分类、分析等；还需要动手制作实物模型以使抽象问题具体化；还需要亲自进行第一手数据统计或者动态研究。在活动中，动手操作是数学活动的核心，所以每个学生应尽可能地参与到活动中，避免成为旁观者。

数学是思维的体操。数学活动不仅需要动手，也需要动脑，问题会在做的过程中不断地出现，学生就要动脑思考如何解决问题。动脑思考，就要求学生根据活动的实际情况，以及教师提出的各种问题，不断地探究问题、分析问题、改进方案、解决问题。在动手探究中发现问题，在思维中思考问题，直到解决问题。数学活动区别于传统课堂的显著特点就是数学活动增加了实际环境。环境在变化，活动方案要思考如何改变以适应新的实际情况。

2. 活动结果符号化

与物理、化学实验，或人文调研不同的是，数学活动在经历操作之后，要经历一个符号化的抽象过程，使实际问题数学化。所谓符号化就是用数学符号代替原物，不用原物而用符号进行表示、交流、运算等活动。对于数学问题符号化的使用价值，英国数学家怀特海有着精辟的见解："数学术语或符号的引入，往往是为了理论的易于表达和解决问题。特别是在数学中，只要细加分析，即可发现符号化给数学理论的表达和论证带来极大的便利，甚至是必不可少的。"①

（1）活动对象符号化。我们提倡在数学活动中多动手"做"数学，操作数学，所以不少的活动对象是具体的，但数学的研究对象，不局限于具体的对象，应该将具体的对象上升为数学符号。学生在活动中，把具体的物体抽象成符号，把具体对象的联系与变化抽象成符号对象之间的联系与变化，把生活中的实际问题转化成抽象符号的数学问题。例如，我们在利用最小二乘进行回归分析的时候，首先就要把两个对象符号化为 X，Y，再进行回归分析，得到的是 X 与 Y 两个符号的函数关系。

（2）活动结果符号化。学生在活动中所得到的数据以及结论要经历数学符号化的过程，让操作经验上升为符号化的数学知识，让具体的个性化的结果上升为数学抽象的结果。例如，我们要把活动实施方案用数学符号进行证明；用函数关系建立两个变量之间关系；把活动数据表格化、图形化；把猜想问题极限化、无穷化；等等。在活动后，根据数据的分析，通过观察、实验、猜想、类比最后归纳出数学关系，转化成数学模型。

牛顿曾说过："现代的社会科学与自然科学发现了数学的符号式阐述具有重要意义，这种意义表现在它具有把从社会和自然的宇宙中得到的数据联系起来的能力，以及因而还具有对带有科学重要性的本质问题做出回答的能力。"② 数学活动的结果利用符号把一个问题转化成可以解决的一类问题，这就是数学符号的魅力。

3. 准确记录数据，科学分析数据

无论是测量问题、路线问题，还是统计问题，都会产生比较多的数据。有了数据才可以进行计算，才可以进行统计分析。数据是活动的成果之一，产生数据的过程，也是数学活动的重要过程之一。在数学活动中，学生要准确地记录活动过程中产生的数据，以便在之后讨论分析，生成结论。数学活动的结果要以数据为支撑，数据的准确是结果准确的前提条件。

在活动中，学生为了获取数据，要确定变量，做好表格，以便规范记录数据。对于数据来源，可以通过亲自测量取得，为此学生要准备好测量工具，计

① 徐品方，张红. 数学史［M］. 北京：科学出版社，2006.
② 邵光华. 作为教育任务的数学思想与方法［M］. 上海：上海教育出版社，2009.

划好测量方法；可以通过问卷统计数据，学生要科学地设计好问卷以及选项，通过分发问卷、统计问卷，得到数据。学生除了亲自动手记录，还可以用来源于图书馆的各地方的统计年报，或者来源于互联网的信息，如政府统计网站。

获取的数据，必须要进行科学分析。①分析数据是否合理，误差是否在允许的范围内，例如，在用手工量角器测量角度，以计算高度的时候，因为手工摆动量角器的时候未必能做到垂直于基准线，就会存在不合理的结果（与实际偏差大）②利用工具统计数据。如果数学活动中获取了大量的数据，学生就可以借助电脑软件进行数据统计，最为常用的就是 EXCEL，也可以运用 SAS，或者 SPSS（后两者对专业知识要求较高）。③利用数据，借助合适的数学工具，进行有效的分析。例如，回归分析中，就要画出散点图，根据散点图的趋势去选择合适的函数进行回归分析。

4. 讨论交流，归纳总结，形成结论

在动手操作结束之后，无论是独立完成，还是小组完成，学生之间都应该进行讨论交流，各抒己见，把自己对活动中所包含的数学内容，或者方案进行集体探讨，共同分享。在交流的过程中，去发现、对比哪个小组的结果最好，方案是否可以再进一步优化等。

建构主义认为：知识是个人与他人经由磋商与和解建构的。① "三个臭皮匠，胜过一个诸葛亮。"通过讨论交流，学生能够采用好的方法以解决问题，也能发现自身优点，以及他人的长处；在讨论中，共同发展和进步。讨论交流应该贯穿整个数学活动过程。

在数学活动的过程中，虽然分工明确，但在活动遇到障碍的时候，小组就应该共同分析问题，寻找解决方案；对于存疑的地方，小组应该共同求证。在活动结束之后，小组经过讨论交流，使得问题更加清晰，从而更加容易解决；讨论交流使学生变得更加懂得辩证思维，语言表达、思路更加严谨，也使小组更加和谐共进；讨论交流是数学活动不可或缺的一部分。

数学活动中，学生应经历阅读、操作、观察、思考、讨论等环节。在数学活动中进行研究、发现甚至是创造，让学生成为知识的发现者。在活动中，学生发现数学的本质，完成对数学的理解以及知识的迁移。

---

① 斯苗儿. 小学数学课堂教学案例透视［M］. 北京：人民教育出版社，2003.

二、撰写数学活动实施方案

在活动开展之前，活动小组通过前期的讨论及文献阅读，写好活动实施方案（见表3），理解活动中的关键概念，明确活动实施措施，使得在活动中有的放矢，在活动操作中从容不迫。

表3 数学活动实施方案

小组名称		组长		日期	
活动背景					
活动内容及目标					
相关概念界定					
相关文献资料					
活动所需工具					
活动实施步骤					
指导老师					

学生按小组的设计方案落实操作，在操作中记录数据，在过程中发现问题、探究问题、解决问题。"真理在实践中越辩越明"，学生在动手实践中落实第一环节中计划的活动方案。同时，应对在活动中出现的新问题。

小组成员相互讨论，共同完善活动方案。数学活动是团体活动，成员间的相互讨论应该贯穿活动始终，尤其是在活动的实施阶段。学生在活动实施阶段遇到的问题，是最真实、最实际的问题，更加要各抒己见，取长补短，在思维的碰撞中完善活动方案。

三、撰写活动报告

人们都说：计划赶不上变化。活动实施方案是在活动开展前的计划，在活动的过程中总会发生变化，要根据发生的变化改变实施的方法。这种改变，是对原来方法的改进，这些就要在活动报告中做记录。在活动结束之后，学生要撰写活动报告，详细记述活动的过程，问题的解决过程以及得出的最终结果。活动报告（见表4）是活动过程及结果的书面报告，也是活动评价的要素之一。

表4　数学活动报告

小组名称		组长		日期	
活动实施步骤					
活动分工					
问题及解决					
活动数据					
活动结论					

四、教师如何指导

我们鼓励学生自主学习、独立思考，学生之间共同讨论，但这并不意味着教师在活动过程中不需发挥作用。相反，教师是整个数学活动能够顺利进行的重要保障。在整个数学活动中，教师首先是一个组织者，负责整个活动的流程安排，要让每一个学生，每一组学生按照自己设计的问题解决方案动手进行操作。

1. **教师要明确活动目的，突出活动重点**

在做数学活动计划时，教师首先要明确活动目的，它是活动顺利有序开展的前提。教师要让学生在活动之前完成《数学活动实施方案》，明确为什么做，要做什么，要怎么做，避免在数学活动中出现学生活动杂乱无章，乱哄哄的状况，尤其是要外出测量、统计数据的时候，教师要重点注意学生的安全问题。每个活动都有一个重点环节，在活动过程中，教师要突出重点，部分学生在枝节上遇到困难，教师要适时指导，让学生能在活动重点上多花时间，以免部分非重点的相关内容喧宾夺主。

例如，在统计分析相关内容时，为了研究变量相关性，教师活动前要让学生确定好自己做的是哪个变量，要记录什么数据，要使用什么计算公式以及结论。在三角测量中，教师就要让学生明确角度、长度等各种数据的测量。

2. 教师要鼓励学生交流，指导学生活动，帮助学生树立信心

教师在审阅各小组的开题报告之后，应组织小组进行交流，相互共享参考文献资料及研究方法。在与各小组交流中，教师要组织小组之间进行评价，在评价中指出活动方案的可行性，若方案超出现有水平，要及时进行引导；若方案实施困难，教师要给予必要的指导。

在活动实施的过程中，教师要认真观察学生的活动过程，既要保证活动实施有序进行，也要对一些有困难的小组给予必要的指导（可用提问题的方式启发学生思考解决的方法，以问题串的形式引导学生深入研究，解决在活动中出现的新问题），以使活动能顺利地进行下去。但教师不应该包办学生的实施过程。同时，教师既要对个别学生的操作进行指导，也要对小组错误的做法进行必要的指正。

活动最后的结果很多时候不唯一，数据结果不统一，但都应该在允许的范围之内。如果小组之间存在较大的偏差，这时候，教师就要组织学生进行讨论（问题究竟出在哪里），指导学生对活动方案进行改进，以使活动有意义地进行。数学活动的核心在于学生的参与，教师是保证活动正常进行的重要辅助。

数学活动涉及的知识面非常广，或跨学段，或跨学科，教师未必能在活动的过程中发现或回答学生所有的问题，对此教师应该把相关问题记录下来，之后进一步查询文献，或请教其他教师。

3. 教师要尊重学生个性，促使全体学生共同发展

《课标》指出：每个学生可以根据自己的生活经验发现并提出问题，对同样的问题，可以发挥自己的特长和个性，从不同的角度、层次探索解决的方法，从而获得综合运用知识和方法解决实际问题的经验，发展创新意识。每个学生的家庭环境各异，学生原来的数学基础各不相同，兴趣爱好以及特长也千差万别，所以在活动中，每一个学生的表现也不尽相同。教师在活动的过程中，应

尊重学生的个性，根据学生的个人情况，鼓励学生展现自身的优点，同时给予有针对性的辅导，以使所有学生在原有的基础上都有所发展。例如，有些学生擅长于利用软件进行数据分析，但却在数学应用方面有所欠缺，教师指导活动小组进行恰当的小组分工，以发挥小组的最大合力；对于学生的薄弱环节，也可以手把手地进行指导。

4. 教师要及时评价

评价分为过程性评价、总结性评价。《新课标》的评价理念指出了过程性评价的重要性。在数学活动中，我们提倡全过程评价，同时教师要及时评价。数学活动中，教师既要关注活动最后的结果，也要在开始及过程中进行及时的评价。活动过程中，教师及时的评价能够激发学生进行数学活动的积极性，教师的评价更多的是一种鼓励；教师及时评价也能使学生及时纠正一些错误，是对学生克服困难后的肯定，它能让学生产生积极向上、完成数学活动的动力。

在活动的开始，教师要对学生方案进行合理性评价，对创新性的方案要给予肯定，对于实施困难的方案要及时指出；在活动的过程中，教师要对学生的操作进行规范性评价，分工合理，操作符合科学性的要表扬推广，对操作上存在明显错误的要对学生加以分析指正；在活动结束时，教师要对学生进行结果评价。总之，在活动的每一个阶段，教师都要及时地评价，及时指正，让学生能够及时地了解到自己进步的地方以及不足之处。教师及时的评价能让学生更加清楚活动的方向，让学生能够顺利地完成活动。

5. 教师要加强新理论、新技术的学习

在理论方面，数学活动虽然不是新生事物，但是目前还没有全面落实到数学教学之中，所以教师要加强理论学习，掌握数学活动的相关课程，甚至是开发符合自身实际情况的校本数学活动课程。目前，我国的沿海发达地区，数学活动、数学建模、数学实验已经蓬勃发展起来，我们可以借鉴相关的经验。教师要不断地学习新的理论知识，才能适应时代变化的要求。

在数学活动的开展中，在数学知识方面，不仅需要应用高中数学知识，可能也需要综合应用初高中、大学多层次的知识，可能是多学科的综合。虽然大部分数学教师都接受过高等教育，但有可能对其他学科认识不够，导致部分教师视野狭窄，高等数学知识遗忘，所以教师在平时要加强了解多学科的知识，尤其要加强数学知识的学习。

在数学活动开展中，在信息技术方面，在工具上已经不仅仅局限于纸、笔、尺，很多的活动要使用到相关的数学计算机软件，如几何画板、数学实验室、

EXCEL、图形计算器、Authorware 等。时代在发展，科学技术在不断地更新优化，教师要适应时代发展，学习新技术，因为计算机在数学活动中具有传统手段不具备的优势。

在开展数学活动中，虽然以学生为主，以学生动手为根本目的，但教师的指导也是不可或缺的。在数学活动中，教师要相信学生，放手让学生去做。教师要做一个先进理念的学习者、数学活动的设计者、数学活动的组织者；在学生活动中出现不规范，遇到困难时，教师要做有力的支持者、指导者；教师还是活动的评价者，评价学生在活动过程中各方面的表现。

高中数学活动的结题

一、活动总结、交流

总结、交流是数学活动中不可或缺的重要组成部分。教师应该鼓励学生表达，指导学生认真倾听。学生在小组讨论、交流中，通过发言、自证、提问、辩证能很好地培养数学逻辑能力以及语言表达能力。活动的过程能够有效培养学生的团队协作意识，小组交流、总结能让学生深化对知识的迁移，强化对知识的掌握。

首先每个小组陈述自己的活动方案、展示活动数据、表达活动结论，然后教师组织学生对比、观察，发现各小组的方案、数据与自身的方案的不同之处，方案孰优孰劣，数据间有没有较大的误差。最后，教师引导学生对报告中的内容（诸如研究过程、方案、成果等）进行评价，同时教师也给出相应的评价。

二、活动成果展示

1. 成果展示的形式

数学活动成果展示的形式。就是在学生经历了数学活动之后，对结果的最后呈现方式。学生活动成果的形式不仅可以是一个数据，还可以是一篇论文，也可以是一个问题的实际解决方案，或者是对某一种情景的调查报告，也可以是一个具体的模型，或者是一个计算机程序。活动成果可以是一个，也可以是多个，学生可以充分发挥团队意识，完成多种形式的成果。

2. 成果展示的重要性

成果的展示是展览学生活动的结果，展示的过程是学生之间、学生与教师之间交流的过程，也是一个学生活动经验、成果共享的过程；展示的不仅是一个活动的结果，还有学生成长的历程。

（1）成果展示是对学生的肯定。活动成果是学生小组合作的劳动成果，是师生共同完成的作品。在活动中，学生有辛勤的付出，有困难，有困惑，在小组共同的努力下，最终完成一个作品。把成果展示出来，让大家看到小组活动辛苦付出之后所结出的硕果，是学生智慧的具体表达，是学生对自己付出的肯定，也是其他同学对自己的肯定。

（2）成果展示提高了学生学习数学的自信心。学生通过小组合作，独立自主地参与数学活动的整个过程，体验到了知识的生成过程，把外在知识内化成自身能力；从传统课堂的被动接受，到自主创造，并取得成果，体验到了成功的喜悦。学生能通过小组合作，或者解决一个生活中的实际问题，或者得出一个数学结论，更能提高学生的自信心了。

（3）成果展示形式。成果展示的形式也可以是丰富多彩的。教师可以组织专门的活动报告会议，邀请不同年级的学生，还有教师，甚至专家参加，让各小组在会议上展示小组的活动报告、研究报告等；可以组织答辩会议，让学生展示活动成果及语言魅力；也可以把部分优秀的学生成果推荐发表在报纸、杂志上；学生可以在班级，甚至是在学校的范围内组织专门的图片展览、作品展览，让更多的人看到活动的成果。

对于活动成果，教师要做好收集、整理工作，可以作为以后数学活动的资料，同时可丰富数学活动资源。目前，数学活动在学校开展得并不活跃，缺乏资源是一个很重要的原因。教师把每一次曾经实施过的活动成果都收集起来，整理成校本资料，既可以当作教师的一份教材，也可以提供给将来的学生作为同类活动的文献资料，为后来者提供参考，让数学活动更容易操作。

二、撰写结题报告

在数学活动结束之后，学生要回顾整个活动过程，从前期准备工作、活动过程、活动数据、活动结果等方面以活动结题报告的形式体现出来。

数学活动结题报告（见表5）是记录整个数学活动过程和呈现最后结果的书面报告。结题报告更有利于学生之间，教师与学生之间的交流，也有利于学生自我归纳、总结、论述能力的提升，有利于培养学生科学的研究方法，有利于学生汇报活动并展示小组成果，提高学生自信心。

活动内容：小组做的是一件什么事情。

资料收集：从哪里收集了哪些资料，如果是出版物、报告、论文，要注明作者、刊物名称、期刊号及内容所在的相关页码。

活动工具：记录活动所需的各种材料、工具。

活动方案：开展活动所做的计划、步骤，以及所用的方法、措施。

活动实施步骤：记录活动的所有过程是怎么样进行的，活动中各阶段性结果是什么。

活动数据记录：把活动过程中什么项目产生了什么数据做一翔实的记录。

活动结果及分析：活动的结果是什么，从而得出一个怎样的结论。在活动的过程中还存在怎样的问题，在后续活动中，还可以怎样改进。

小组分工：记录小组各成员的分工情况。

表5　数学活动结题报告

小组成员		组长		日期	
活动标题					
活动内容					
资料收集					
活动工具					
活动方案					
活动实施步骤					
活动数据记录					
活动结果及分析					
小组成员分工					

活动报告与结题报告记录了小组的实施过程、反映了小组分析问题、解决问题的方法，它的好坏关系到活动的可持续性发展，也关系到小组成长。同时报告也是严肃认真的科学报告，所以不管是撰写数学活动报告，还是结题报告都应该遵循以下原则。

1. 专人撰写

活动过程要注重小组成员合作，教师适当指导，但撰写报告就必须要指定小组中的专人撰写，同时必须是全程参与了活动的成员（一个不了解全过程，不清楚全步骤，不明白数据获取的人依靠片面的信息，进行琐碎的拼接文字，犹如盲人摸象，是无法写好报告的）。

2. 以活动实际实施过程为蓝本

报告既是对活动过程的记录，也是对活动的数据的分析，还有对活动的总结，所以报告要以实际实施为蓝本，真实记录并反映小组在活动中的实际操作过程。活动的结果不唯一，方法多样，真实的报告才有说服力。

三、活动答辩

答辩是由学生团队先对活动的全过程及结果进行阐述，然后其他小组、教师提出问题。它是一个语言交锋的过程，也是一个思维碰撞的过程。答辩的过程是师生再次进行更深层次的交流的过程，是学生对活动的再认识过程，是学生展示团队风采，提高能力的过程。

1. 答辩的必要性

（1）通过答辩，学生可以完善成果。虽然学生完成了结题报告，或活动论文，但很多时候由于篇幅问题，活动中的众多问题不能一一详尽说明，学生就可以在答辩中加以说明；通过答辩，学生可以充分展示活动过程中的图片记录、文字记录。

（2）通过答辩，教师可以让学生对活动进行再一次的认识，加深学生对问题的认识与理解；在答辩中，教师、同学通过问题，可以让学生认识到在活动中，存在着哪些不正确、不准确、不完善、不严谨的地方，可以在哪里进一步完善，为下一次的活动积蓄能力，提高逻辑思维能力，为以后在大学的学习发展奠定基础。

2. 答辩如何进行

（1）学生角度。在答辩中，首先由学生陈述小组数学活动的内容：数学活动的背景、目的是什么？数学活动解决了什么问题？活动所涉及的基础知识有哪些？通过什么途径收集了哪些相关文献资料？数学活动的步骤有哪些？是怎样进行的？数学活动最后的结果是什么？在语言表达上，力求做到表达流利，用词准确，条理清晰，逻辑严密。

（2）教师角度。教师在答辩过程中引导各小组相互学习，积极提问，在思维碰撞中完善方案。在学生答辩的过程中，教师除了聆听学生陈述内容，还要对活动结果提出肯定与建议。例如，活动方案中还有哪些局限性与不足？活动方案有没有创新之处，有没有实际应用价值？活动还可以在哪些方面进一步研究？

学生论文

一、学生论文撰写的意义

当学生对于某个问题有特别的兴趣和独到的见解时，当学生通过数学活动有新的结果发现时，当学生的数学活动结果要进一步升华成思想时，只写活动实验报告是不够的，这时候，把结果写成论文的形式是非常必要的，这更有利于系统梳理其中的思想。

然而，对于高中阶段的学生来说，写数学论文会显得有些"高大上"，可能有些人会觉得那是一件很难完成的事情，学生没有一定的基础，写论文属于"小打小闹"，或者只是一种"好高骛远"，是不切实际的花架子，又或者觉得学生很忙，没有时间去琢磨论文的事，是在浪费时间，舍本逐末。

其实不然，高中生进行数学论文写作，不但可以巩固和加深对课程中所学的数学知识和方法的理解，而且可以培养科研意识与科研能力，对提高自身的整体素质有着重大意义。

（1）高中生进行数学论文写作，有力地推动了教学的深化，有利于学生更深刻地掌握知识和方法。知识的获得不是仅依靠教师课堂的讲授，或者通过解题的方法模仿就可以的。让学生写数学论文，着重考查学生综合运用知识的能力。学生写作数学论文时，无疑会充分调动所学知识，需要更加透彻、更深层次地理解相关知识和方法，甚至还要主动参考、学习相关文献资料，所以说，论文写作是一种学生自主建构数学知识、深化数学思想的很好的方式和过程。

（2）高中生进行数学论文写作，可锻炼逻辑思维能力、分析和解决问题的能力，培养学生的创新能力。在数学论文写作的过程中，学生会遇到严谨性的问题，少不了对问题进行独立分析，少不了各种推理，学生或许会在这时查阅各种文献资料，但要转化和应用到自己的论文中，则需要他们真懂、真会。

在论文写作中，学生往往会因为一些新发现的问题而被难住，或者为突破他人的结果写出新的东西而苦恼，这时候就需要沉住气去寻求新的思路，但突破之后，学生会深深地为自己的新的灵感而欢欣，将极大地鼓舞自己不断尝试、不断创新。

（3）高中生进行数学论文写作，可以学会正确提出问题、科学解决问题的方法，熟悉做研究工作的程序，为日后从事真正的研究工作进行一次有益的、真枪实弹的模拟演习。

总而言之，教师指导学生写作小论文是提高教学质量，培养学生创造能力的好方法。如果说平时的数学活动或者在课堂上听老师讲，或者在课后完成对应的练习，是数学素养"生"的过程，那么学生自己总结梳理、发现提升，进而写成论文的过程，则是数学素养"成"的过程。同时，培养学生论文写作能力的目的是培养学生逻辑思维和解决问题的能力，培养学生的创新意识和创新思维，提高学生的整体素质，为他们将来从事科学研究工作奠定基础。学生进行论文写作，是以学为主，科研能力的培养为辅，我们的目标并非要研究高端的课题，而是要培养他们良好的"科研意识"和研究习惯，从而使其对科学研究产生浓厚的兴趣。

二、学生论文的特点

1. 针对性

"文章合为时而著，歌诗合为事而作"，也就是说文章必须要有针对性。学生在完成相应的活动之后，针对参与的活动完成相关的论文写作。论文内容要目的明确，把活动的目的、方案、结果、改进等进行论证阐述。

2. 原创性

做学问、做研究必须要遵守学术规范，不得学术造假。学生论文首先必须是原创的，根据小组活动的过程、结果，以及小组共同分析而创作出的论文，有引用、有借鉴的文段要标注出处。小组活动，鼓励合作，但活动论文必须要自己原创。活动的结论不是数学活动最重要的因素，论文的学术性也不是评价学生活动的核心因素，原创性才是整个数学活动最难能可贵的地方。水平有高低，能力有差异，但诚信价最高。在论文创作中，要坚决杜绝学术不端，诚信应该从小抓起，养成习惯。

3. 作业性

由于高中学生的实际能力水平、时间有限，学业考核等诸多因素影响，数学活动中，学生主要是在运用所学的知识及技能，在教师的指导下进行调查研究，或解决问题的。因此，高中学生的论文是在已掌握的知识的基础上，或模仿现有论文或在教师的指导下完成的论文作业，但教师可以鼓励学生更有创造性地完成作业。

4. 指导性

高中学生论文是学生在教师的指导下独立完成或小组合作完成的成果。教师会在论文写作的思路和方法上给予指导、协助。在《普通高中数学课程标准（2017 年版)》提出的 10 条理念中，其中就提到了：强调本质，注意适当形式化。在传统课程中，论文写作并不是作业，所以适当的指导、形式化可以帮助学生完成论文写作，但教师要培养学生的钻研精神，充分发挥学生的主动性，激发学生的创造性。

5. 规范性

学生书写论文，无论篇幅长短，质量高低，除了必须要符合原创性要求，同时在写作格式与结构上，以及字体的选择上都要符合相应的规定、要求。这与严肃的学术论文的写作规范是一致的。严格的规范要求，不仅不会增加学生的负担，反而会让学生接近科学研究的规范性，使学生更具有成就感。

三、学生论文撰写

作为很多第一次接触论文写作的高中学生，如何才能写出有质量、有意义、有分量的好论文呢？

我们结合自己的经验，认为可以从以下四个方面着手。

1. 学会总结，勤于积累

从小处着手，学会积累，学会总结（总结学习的心得体会、解题的方法总结、思想）。千里之行，始于足下，养成一点一点积累的习惯；想写好数学论文，常常练笔是必不可少的，有了新的想法和观点，要随时记下来。

2. 论文的选题至关重要

对于学生，论文的选题是至关重要的，也是比较困难的一个环节，但我们可以结合自身兴趣和能力，从以下几个方面进行思考选择：

（1）综合、概括、总结性的题目。学习要善于综合概括，并善于总结。经常把知识系统化，必有进步，把诸多内容的精华部分进行深入研究必是一篇好作品。它对系统掌握知识和启迪思维有较好的作用。

（2）对解题思想方法的研究。研究数学解题的思维特点和规律；研究某些典型问题的一般解法和特殊解法；以某些典型问题为出发点，研究一些有代表性的思想方法，如数学中的数形结合思想、映射思想、构造思想、公理方法、模型方法、变换方法，等等，探讨如何在解题中渗透上述思想方法。

（3）应用性问题的研究。我们要鼓励学生对日常生活中的应用性问题进行探索，激发他们的研究热情。

（4）相关学科研究。数学与物理、数学与化学、数学与生物、数学与地理等相关问题之间有着千丝万缕的联系，在思想方法上相互渗透，既相互制约，又和谐统一，这是一个值得探索的领域。

总的来说，为选好题目，我们最好选择来源于学生学习和生活及其周围世界的真实问题，同时要有一定的应用价值，或理论价值，或教育价值，对所研究问题的背景要有一定的了解，掌握一定量的参考文献，并且要适合学生自己探究并能够完成，要有学生的特色，所用知识应该不超出中学生的能力范围。

3. 多综合查阅相关资料，参考他人，追求创新

资料的收集整理是论文、研究报告书写的前提条件。它为我们的研究提供了必要的前期研究基础，为研究提供理论支撑。同时，通过资料收集，可以发现哪些是被广泛研究过的问题，这样就可以避免与前人重复；通过资料收集，可以了解到目前国内外的相关问题的研究现状。

收集资料主要的方法有：收集文献资料，进行问卷调查、访谈。

（1）收集文献资料。①我们可以到图书馆查询收集纸质的文献资料，但相对来说，检索资料较难，数量不多。②我们也可以通过中国知网、万方网等进行论文、期刊等的收集。这种方法检索资料容易，收集到的资料较多，资料都在正式刊物上出版过，或是毕业论文，所以资料正规、有效。③通过百度搜索引擎进行文献资料的收集。通过搜索引擎收集到的资料可能只是网友提供的资料，在准确性、正确性上要注意取舍。

（2）进行问卷调查、访谈。为了更加切合实际情况，掌握第一手的数据，也可以通过问卷调查的方式获得资料。我们根据研究的需要设计问卷选项，再进行问卷数据分析。进行问卷调查应注意对象要有分层，例如，对学生进行问卷调查，最好应该包含高中三个年级的学生，甚至再增加初中学生，这样样本才有代表性。但对问卷进行人工统计的时候，工作量较大，现在也可以借助网络，进行网络问卷调查。

访谈是通过与研究对象或专家学者进行交谈以获得资料或数据的方式。访谈能够更深入地了解研究对象，更加具有针对性。但访谈受时间、空间等诸多因素限制，访谈的数量有限。

（3）资料收集的原则。①针对性：资料的收集要紧密围绕论文、研究报告的主题，收集相关的资料，做到收集的资料有针对性，对研究报告起辅助作用，避免追求多、泛、全，从而增加自身的工作。②时效性：不仅论文、研究报告要紧跟时代步伐，要切合当下实际情况，我们收集的资料也要讲究时效性，一些不合时宜的资料应该摒弃。③真实性：资料真实才能保证论文、报告的真实。对于我们收集到的资料，要确保是正规出版的资料，对于我们自己做的问卷调查，要保证数据的客观、真实。

4. 论文写作格式

撰写论文是培养学生把所学知识综合运用的一种重要途径，是学生科学研究的基本技能，是分析问题、解决问题的能力。对于严肃的学术论文，国家在《科学技术报告、学位论文和学术论文的编写格式》（国家标准 GB 7713—87）中对本科毕业生论文的格式与质量提出了具体要求。在论文格式上总体有三个方面：论文文本、每部分内容的书写格式要求、论文篇幅要求。论文文本构成包含了前置部分、正文部分、附录部分三部分。其中，前置部分可以由封面、诚信声明、目录等构成；论文正文由摘要、关键词、论文内容、结论和参考文献构成；附录部分由其他附属说明、证明材料，如调查问卷等构成。一篇完整的论文、报告应该包含标题、摘要、关键词、正文、参考文献这 5 个必备要素，还有附录。标题最好能紧跟时代要求，简约、概括、精准。字数要恰当，一般不宜超过 20 个字。必要时，可以加上副标题。摘要是对论文进行精练的概括，能够通过摘要了解到整篇论文要阐述的主要内容。摘要要总结和反映论文的内容、方法、结论，字数以 200~300 字为宜。关键词是论文中重要内容的关键词汇，它应能反映出论文的内容。一般以 3~5 个关键词为宜。在词条顺序上，按外延层次排列：外延相对较大的在前面，外延相对较小的在后面。正文对研究内容进行详尽的论述，以表明自己的观点。正文要求结构清晰、逻辑严密、重点突出、语言流畅、无科学性错误。论文中的小标题要简明扼要、重点突出。正文可以按以下编排进行书写。①提出问题，介绍背景，研究目的以及实际意义。②分析问题，研究问题的主要方法、理论支撑、具体数据材料。③研究结论，通过论述研究，得到一个结果（研究对象具有普遍性规律；两种对象的对比性结论，或者与前人研究的对比；结论的实际应用意义；对之前结论的更进一步研究；对研究对象具有创新因素）。④参考文献，按正文中引文出现的顺序进行排列。参考但未直接原文引用的有关著作、论文也应该在参考文献中列出。⑤附录，包含调查问卷、原始数据等。以上论文要求仅作为参考，学生可以在此基础上根据自身实际情况进行改动，最主要的是让自己的论述更加完善。对于初次接触论文的高中学生，学习其要求也是必不可少的。论文写作要注意论文格式和内容表达，符合规范，内容齐全，解答过程的书写要简洁有序，数学符号要准确无误。

特别要提醒的是，对于学生的论文写作，教师也应该做好适当的必要的指导。毕竟高中阶段的学生，一方面有着活跃的思维，但另一方面对于知识掌握不够全面，他们有极大的自信心，却往往可能会被意想不到的困难击垮，如果教师可以耐心地、细致地持续鼓励并帮助他们，那么他们会更有勇气和毅力写下去。我们相信，如果学生在高中阶段能顺利完成一篇以上的数学论文习作，不仅对他高中阶段的数学学习有很好的促进和感悟，更对他今后在数学方面的素养和其他领域的钻研都有莫大的鼓舞和启示作用。

在这里，我们引用《全国中学生数理化能力大赛建模论文写作说明》中关于论文标准组成部分和论文写作步骤的一些说明，并附上一篇学生的论文，以供大家参考。

全国中学生数理化能力大赛建模论文写作说明

（一）建模论文的标准组成部分

建模论文作为一种研究性学习的有意义的尝试，可以锻炼学生发现问题、解决问题的能力。一般来说，建模论文的标准组成部分由论文的标题、摘要、正文、结论、参考文献等部分组成。现就每个部分做个简要的说明。

1. 题目

题目一定要避免指代不清，表达不明的现象。建议将论文所涉及的模型或所用的计算方式写入题目，如"用概率方法计算商场打折与返券的实惠效应"。

2. 摘要

摘要是论文中重要的组成部分。摘要应该使用简练的语言叙述论文的核心观点和主要思想。如果你有一些创新的地方，一定要在摘要中说明。必须把一些数值的结果放在摘要里面，如"我们的最终计算得出，对于消费者来说，打折比返券的实惠率提高了23%"。摘要应该最后书写。在论文的其他部分还没有完成之前，不应该书写摘要。因为摘要是论文的主旨和核心内容的集中体现，只有将论文全部完成且把论文的体系罗列清楚后，才可写摘要。

摘要一般分三个部分，即用什么模型，解决什么问题；通过怎样的思路来解决问题；最后结果怎么样。

3. 正文

正文是论文的核心，也是论文最重要的组成部分。在论文的写作中，正文是以"提出问题—分析问题—选择模型—建立模型—得出结论"的方式来逐渐进行的。其中，提出问题、分析问题应清晰简短，而选择模型和建立模型应该目标明确、数据翔实、公式合理、计算精确。在正文写作中，应尽量不要用单纯的文字表述，尽量多地结合图表和数据，尽量多地使用科学语言，这会使论文的层次上升。

4. 结论

论文的结论集中表现了这篇论文的成果，可以说，只有论文的结论经得起推敲，论文才可以获得比较高的评价。结论的书写应该注意用词准确，与正文所描述或论证的现象或数据保持绝对统一，并且一定要对结论进行自我点评，最好能将结论推广到社会实践中去检验。

5. 参考资料

在论文中，如果使用了其他人的资料，必须在论文后标明引用文章的作者、应用来源等信息。

（二）建模论文的写作步骤

1. 确定题目

选择一个你感兴趣的生活中的问题作为研究对象，并根据研究对象设置论文题目。最好找一位或几位老师帮助安排研究课题。在确定好课题后，应该写一个写作计划给指导老师看，并征求他们对该计划的建议。

2. 开展科研课题

去图书馆、互联网上查阅与课题相关的资料，观察有关的事件，收集与课题相关的信息。同时如果有条件，可以去拜访相关领域的专家和学者。然后将前期收集到的资料与自己所学的相关知识组织在一起，进行论文的结构论证。完成这些工作后，应该制订一个课题时间安排表，这样能保证书写论文循序渐进。记住在开始写论文后一定要不断地和老师、家长进行沟通，让老师和家长斧正论文中出现的明显错误并能提出一些更好的研究建议。在论文写作结束以后，一定要得出结论。记住，在论文的结果出来后，有可能得出的结果与假设并不相符，这并不重要，不要强行改变结果来迎合假设。只要你在论述过程中严格地按照科学方法进行，你的论文还是相当有价值的。最后，需要很好地写一份摘要。摘要的字数应该是论文字数的十分之一左右。

3. 完成论文写作

完整的论文在完成以上步骤之后就可以新鲜出炉了。完成论文后，一定要再看一遍自己的论文有无错别字、计算错误、图形的移位或偏差等。最后，在论文的结尾处应该写上感谢的话，感谢帮助你完成这篇论文的所有人。

四、学生论文范例

举重比赛的等级设定合理吗？

广东梅县东山中学高二 李展威

指导教师：周东贤 刘迪生

摘要：

本文作者从课本中一道习题中看到，举重比赛中男子项目共分为十个级别，然而其级别的设定并非均匀的等差数列，故而产生好奇，为什么会这样设定呢？难道有什么特别之处？

于是带着这个问题，作者查找了举重比赛的相关知识。从举重比赛的发展历史，了解到原来一开始举重级别的设定是均匀的等差数列，但后来由于奥运"瘦身"的缘故，为了减少级别数，才变成现在的级别设定的。可是究竟这样设定是体育委员会成员一起商量讨论出来的呢？还是根据科学依据规划出来的呢？

基于这样一个问题，本文就针对现在举重比赛的级别设定进行一个数学上的合理性分析。

本文主要由两部分组成：

第一部分，分析体重与举重力量之间的关系，建立它们之间的数学关系式。这一部分根据相关的运动生理学的知识，抓住主要联系，简化体重与举重力量的关系，再以现有的世界纪录为数据依据，进行拟合，得出它们之间的数学关系为 $C = 179.3 \cdot (W - W_0)^{0.22}$。

第二部分，依据前面的数学函数关系式，作者提出一个"成功差"的概念（相信这是一个有创造性的想法），用来衡量级别之间能力跨度，从而用以分析现在比赛中等级设定的合理性。

最后，作者以现行的公斤级设定得出的"成功差"见表6。

表6 级别区间与"成功差"

级别区间	(56, 62]	(62, 69]	(69, 77]	(77, 85]	(85, 94]	(94, 105]
成功差	78.7242	77.1419	76.1221	58.6994	60.3396	75.4955

可见，虽然（77，85］与（85，94］的成功差与其他级别区间要小一些，但这样避免体重跨度太大，因此现行级别设定有一定的合理性。

正文：

第一部分：体重与举重的数学模型

这一部分工作研究体重与举重的数学关系，是我们的基础工作。在网上，我们也看到很多相关的模型，然而很多是简单地用一次函数或者二次函数、指数函数去直接拟合得到函数关系，这里，我们采用华南师范大学学生的一篇优秀论文的思想，结合运动生理学知识和 O'Carroll 公式的启发，再以当今举重比赛各项级别的世界纪录为参照数据，拟合出体重与举重的数学关系。

1. 模型假设和符号设定

（1）举重运动员的总成绩是生理条件、心理因素等众多因素共同作用的结果，这里只考虑体重的因素，假设运动员其他条件相差不大。

（2）符号假设。

举重成绩：C。

人的体重：W（weight）。

人的非肌肉和与身高无关的体重：W_0。

肌肉横截面积：S。

人的身高：h。

肌肉强度：T。

2. 建立模型

一般举重运动员的举重能力是用举重成绩来衡量的，而举重运动员的举重能力与其肌肉强度近似成正比关系，从而举重运动员的举重总成绩与其肌肉强度近似成正比。又从运动生理学得知，肌肉的强度与其横截面积近似成正比：

$$C = k_1 T = k_1 k_2 S$$

肌肉的横截面积与体重和身高有一定的关系：

$$S = k_3 \frac{(W - W_0)^\alpha}{h^\beta}$$

而据我们所知，身高高者，体重重，身高又与体重有一定的正比关系：

$$W - W_0 = k_4 h^\gamma$$

综上，我们得到：$C = k(W - W_0)^\theta$，其中，$k = \dfrac{k_1 k_2 k_3}{k_4}$；$\theta = \alpha - \dfrac{\beta}{\gamma}$。

接下来，我们根据至今的世界纪录数据（见表7），使用数学软件 Matlab 拟合系数 k 和指数 θ。

表7　举重的各级别世界纪录一览表

级别	56 公斤级	62 公斤级	69 公斤级	77 公斤级	85 公斤级	94 公斤级	105 公斤级	105 公斤级以上
成绩（公斤）	305	325	357	377	395	417	440	472

为了拟合系数 k 和指数 θ，我们首先对成绩 C 和肌肉型体重 $W - W_0$ 取对数，转化成一次函数的一次项系数和常数项：$\ln C = \ln k + \theta \cdot \ln(W - W_0)$，再还原，最后算出系数 $k = 179.3$ 和指数 $\theta = 0.22$，即

$$C = 179.3 \cdot (W - W_0)^{0.22}$$

（注：具体拟合程序见附录）

3. 模型验证

根据我们前面拟合得出的体重与举重成绩的函数关系，我们得出下面的实际值与理论值的对照表（见表8）。根据该表作出图像（见图5）。

表8　实际值与理论值的对照表

级别	56 公斤级	62 公斤级	69 公斤级	77 公斤级	85 公斤级	94 公斤级	105 公斤级	105 公斤级以上
成绩（公斤）	305	325	357	377	395	417	440	472
模型计算结果（公斤）	302.9	333	359.1	382.5	401.6	419.8	438.9	467.3

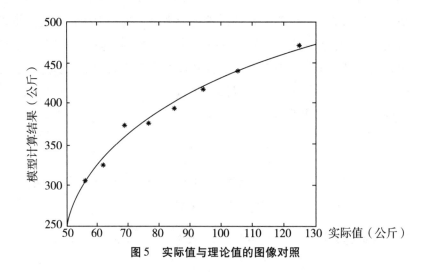

图5　实际值与理论值的图像对照

通过对比，我们可以认为我们的函数关系是很准确的，能作为下面研究的合理性。"成功差"示意图如图 6 所示。

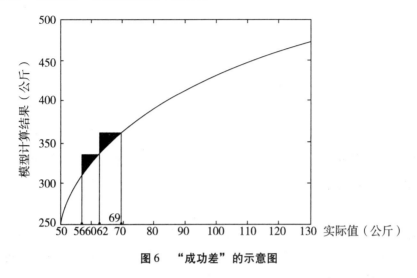

图 6 "成功差"的示意图

第二部分："成功差"——举重级别设定的合理性探究

在体重－举重图像中我们可以找到其中某一公斤级（W_{*1}，W_{*2}]范围内获胜者为 W 体重的选手的成绩 C_{*2}，在（W_{*1}，W_{*2}]这一公斤级内各体重选手的成绩我们也可以确定。

通过这个图像，我们可以计算出任何一位参赛选手与获胜者的成绩差值，这些成绩差值代表着每位选手获胜的难度。

我们设定公斤级间隔，需要让每个公斤级内的选手获胜的难度相同或相差不大。假如每个公斤级内选手获胜的难度不一样（某一公斤级内选手获胜较易，另一公斤级内选手获胜较难），这样就不能充分发挥选手的竞争性。于是，我们可以确定设定公斤级的合理性就在于让选手获胜的难度相同。

我们猜想：体重－举重图像与获胜者成绩直线构成的面积（阴影部分面积）可以用来衡量获胜者的难度是否相同，从而衡量公斤级的设定是否合理。

这里，我们把该公斤级（区间）内体重－举重图像与获胜者成绩直线构成的面积称为"成功差"，并用"成功差"来衡量公斤级的设定是否公平，即若每一公斤级内"成功差"都相等或仅存在合理的偏差，我们就认为该公斤级设定较为合理。

我们以现在采用的级别计算出成功差，见表 9。

表9 各级别的"成功差"

级别区间	(56, 62]	(62, 69]	(69, 77]	(77, 85]	(85, 94]	(94, 105]
成功差	78.7242	77.1419	76.1221	58.6994	60.3396	75.4955

从我们推算的结果发现，按世界纪录（最高水平）来划分，大部分"成功差"都在76左右，这充分体现出我们的模型有一定的合理性，即用成功差来衡量公斤级设定有一定的可靠性。

但是我们可以看到，有两个公斤级得到的成功差为58.6994和60.3396，于是我们对这样划分公斤级提出建议：根据"成功差"这一概念对公斤级进行修改，让公斤级设定更为合理。

举重的级别的划分标准一直没有官方的解释，我们尝试用"成功差"来划分。

但是，因为我们提出的"成功差"这一概念并未得到理论证明，所以，对于这一现象（奥运会举重比赛的公斤级设定，其成功差并非相差不大）可能有其他的更合理的解释。由于知识有限，我们把对"成功差"概念的验证留到以后进一步学习。

第三部分：模型的评价与推广

1. 优点方面

（1）本文在正确、清楚地分析了题意的基础上，建立了合理、科学的"成功差"计算模型，为举重分级别的合理性研究准备了条件。

（2）在假设基础上建立了计算举重各级别"成功差"的模型，对"成功差"进行研究比较，从中探究举重等级设定的合理性问题。

（3）建立了以"成功差"为目标的单目标规划函数，选用 Matlab 编程，具有一定的实际价值。模型的计算采用专业的数学软件，可信度较高。

（4）运用了正确的数据处理方法，很好地解决了问题。建立的规划模型能与实际紧密联系，结合实际情况对问题进行求解，使得模型具有很好的通用性和推广性。

2. 缺点方面

（1）拟合函数时我们采用世界纪录作为标准，与实际情况肯定会有出入。

（2）模型建立过程中，我们的"成功差"的标准的合理性只能作为一种合理的猜想，还需要大量的实例进行验证。"成功差"的概念还缺少理论的依据。

3. 模型的推广和改进

通过对题目的解读我们不难发现这是一类规划问题。我们建立了一个指数型函数的面积的模型。仔细分析我们建立的模型不难发现：这个模型不仅仅适用于举重分级别问题，它对规划类问题的求解都可以起到指导作用。

感谢：

在论文的最后，我要特别感谢周东贤、刘迪生两位老师，他们对我的论文写作给予了很大的帮助和指导，另外，感谢数理化学科能力大赛给了我这个锻炼的机会，让我从中学会了很多课本以外的东西。

参考文献

［1］邓树勋，王健，乔德才. 运动生理学［M］. 北京：高等教育出版社，2015.

［2］姜启源，谢金星，叶俊. 数学模型［M］，3 版. 北京：高等教育出版社，2003.

［3］张志涌，杨祖樱. MATLAB 教程［M］. 北京：北京航空航天大学出版社，2015.

附：

```
W = ［56  62  69  77  85  94  105  125］;
C = ［305  325 375 377 395 417 440 472］;
W1 = log（W - 45）; C1 = log（C）;
A = polyfit（W1，C1，1）
W2 = 50：1：130; exp（A（2））;
C2 = exp（A（2））*（W2 - 45）.^A（1）;    %这是拟合出来的函数%
plot（W，C，'*'，W2，C2，'-b'）
j = 1
whilej < 9;
C3（j）= exp（A（2））*（W（j）- 45）^A（1）; j = j + 1;
end
C3   %这是拟合出来的理论值%
symsx;
int（179.3 *（x - 45）.^0.22，x）;    %8965/61 *（x2 - 45）^（61/50）%
i = 1;
whilei < 7;
```

d0 = 8965/61 * （W （i + 1） － 45） ^ （61/50） － 8965/61 * （W （i） － 45） ^ （61/50）；

dC （i） = C2 （W （i + 1） － 49） * （W （i + 1） － W （i）） － d0；i = i + 1；

end

dC　% 这个是成功差 %

五、学生论文评价

《普通高中数学课程标准（实验）》中对数学建模的评价要求是：创新性、现实性、真实性、合理性、有效性。在高中学生论文评价中，我们不需要要求学生面面俱到，而应以激励性为目的，从多元化评价角度出发评价高中学生的论文。为评价学生的论文质量，我们先需要确定几个重点评价的要素。综合课程标准中关于数学活动和数学建模的标准，参考平常学生论文竞赛评比的标准，我们认为确立"选题""问题分析""表达""思想方法"和"结果价值"五个方面作为评价的要素是比较全面和合理的。

1. 学生论文评价要素

（1）选题：在《普通高中数学课程标准（实验）》中指出："在数学建模中，问题是关键。数学建模的问题应是多样的，应来自学生的日常生活、现实世界、其他学科等多方面。"所以，学生论文的选题是发现问题、提出问题的开端，主要评价学生是否具有发现问题、提出问题的能力（能否提出一个好的问题，体现了学生的数学素养，也体现出学生的创造性思维）。数学活动的开展是要让学生认识和体会到数学与实际生活、生产有着密切的关系，选题是丰富多样的，甚至是"异想天开"的，学生的论文选题是否来源于自己的生活，是否具有独特视角，是否具有创新性是评价论文的重要因素。

（2）问题分析：查阅相关资料的能力也是数学活动的重要培养目标之一，更是作为高中生是否具有主动学习能力的体现。对问题的剖析是必然的，理解好问题的本质，不仅为解题思路提供方向，更是体现学生数学思想和数学建模能力的重要方面。过程体验：论文撰写的过程是学生数学素养的一个综合反映，也是学生提出问题、分析问题、解决问题全过程的体现。文献的收集、参阅能考查学生准确收集所需资料的能力；论文中的数据信息反映出学生动手操作能力、数据采集能力；通过小组内、小组间的交流讨论、合作能考查出学生的沟通协调能力以及团队意识。

（3）表达：主要指学生的论文格式是否符合要求，行文是否规范，语句是否顺畅。高中学生撰写论文首先要符合论文的基本格式要求，同时学生论文更是展示个性、特长的一个很好的途径，所以高中学生论文的个人特色也是评价论文的一个因素。例如，在论文论述上图文并茂，生动清晰，也可以附加自己设计的小程序。

对于数据的处理，能否选用合适的数学图表等形式也是非常重要的。论文中的数据信息反映出学生动手操作能力、数据采集能力；高中学生论文也反映了学生利用表、图、计算机去组织、解析、选择、分析和处理信息的能力；会选择有效的解决问题的方法、工具和策略。高中学生论文离不开数据的采集，需要用数据、图、表等对自己论述的方法、观点进行佐证。

（4）思想方法：指的是学生在解决问题过程中所运用的知识方法和数学思想，是论文中最根本的也是最重要的要素。作为高中生的数学论文，需重视运用高中所学数学知识运用的准确性，能结合高中学生实际情况，在知识应用上，只要把课本内的所学知识应用到位，或者在参考文献以及教师的指导帮助下，适当地运用高等数学知识即可，不要用发表的科学论文的评价标准要求高中生。对于跨学科知识是否有所涉及，也是很好的综合运用能力的证明。

（5）结果价值：就是要看学生论文所推导的结果有无创新，在实际应用中是否合理有效，是否具有一定的影响力和价值。

2. 学生论文量化评价方法

根据模糊综合评判法与高凯博的《高中生建模论文评价的研究》，将高中学生论文评价量化评分：

学生论文考核因素：选题、知识、分析、过程、特色。

考核等级：优、良、中、及格、不及格。

10 个评委对一篇论文进行等级评价，记录等级个数。得到模糊判断矩阵 A。

例如，10 位评委对一篇论文相关因素等级评级的个数见表 10。

表 10　评委评价统计表

项目	优	良	中	及格	不及格
选题	7	2	1	0	0
知识	8	1	1	0	0
分析	6	3	1	0	0
过程	7	1	1	1	0
特色	5	3	1	1	0

得到模糊判断矩阵：

$$A = \begin{pmatrix} 7 & 2 & 1 & 0 & 0 \\ 8 & 1 & 1 & 0 & 0 \\ 6 & 3 & 1 & 0 & 0 \\ 7 & 1 & 1 & 1 & 0 \\ 5 & 3 & 1 & 1 & 0 \end{pmatrix}$$

计算确定每个因数的权重矩阵 $R = (0.2, 0.3, 0.2, 0.2, 0.1)$。

计算矩阵 R、A：

$$B = R * A = (0.2, 0.3, 0.2, 0.2, 0.1) * \begin{pmatrix} 7 & 2 & 1 & 0 & 0 \\ 8 & 1 & 1 & 0 & 0 \\ 6 & 3 & 1 & 0 & 0 \\ 7 & 1 & 1 & 1 & 0 \\ 5 & 3 & 1 & 1 & 0 \end{pmatrix} = (6.9,$$

$1.8, 1, 0.3, 0)$

（1）确定等级分值矩阵 C：优秀 $=10$；良好 $=8$；中 $=6$；及格 $=4$；不及格 $=2$。

$$C = \begin{pmatrix} 10 \\ 8 \\ 6 \\ 4 \\ 2 \end{pmatrix} \quad T = B * C = (6.9 \quad 1.8 \quad 1 \quad 0.3 \quad 0) * \begin{pmatrix} 10 \\ 8 \\ 6 \\ 4 \\ 2 \end{pmatrix} = (90.6)$$

（2）论文最终得分。通过量化评价得出了最后的总分，但是基于鼓励性原则，对于学生论文评价我们建议最后的评价以等级评价为好，避免论文评价又回到对分数高低的比较，让学生趋于功利性写作。

3. 学生论文的等级评价

在评价学生论文时，我们教师可以按论文的"选题""分析""表达""思想"和"价值"五个方面进行评价，较为粗糙地分三个水平层次进行分等级划分，不建议精确地打分，具体见表11。

表 11　学生论文等级评价表

评价方面	水平 1	水平 2	水平 3
选题	发现问题、提出问题的能力还有所欠缺。 所选问题有人已做过，或与教材的例题、习题雷同	能从自身的学习和生活中发现问题。 但选题角度太泛、难度过大，可行性不足	能从自身的学习和生活中发现问题，且选题有可行性、创造性，立意新颖，或者切入点新颖
问题分析	分析问题的能力较差，缺乏对问题的分析。 查阅文献资料能力一般，参阅资料不足，综合能力较差	有对问题的分析，但分析得不够透彻。 能收集足够的文献资料，有一定分析、研究、综合问题的能力，基本满足写作的需要	参考了较为丰富的文献资料，对待研究的实际问题，目前已经有哪些结论和成果，概括全面、归纳准确，对问题有准确的分析
内容阐述	论文层次不合理，内容组织不合理。 语言不通顺，表述不够清楚。 假设数据与实际数据混用，导致结果不准确	语言一般，基本通顺。 内容基本完整，层次结构安排一般。 数据基本可靠，能对材料进行一定程度的加工整理	语句通顺，脉络清楚，行文流畅，语言简洁。 体例规范，内容完整。 数据处理方法得当，思路清晰、应用准确
思想方法	运用的数学方法不合理。 逻辑推理不严谨，思维比较混乱	具有运用现代化技术收集数据信息的能力，以及对数据处理的能力。 有较为严谨的逻辑思维，能谨慎地考虑用恰当的知识、方法来解决相应的问题	能很好地运用现代化技术收集数据信息，以及对数据的处理能力 有严谨的逻辑思维，能谨慎地考虑用恰当的知识、方法来解决相应的问题 对一些常见题材以新的角度去研究，具有独到见解和精辟体会
价值应用	结论无特别、无创新，应用效果差	观点结论具有一定的前瞻性，观点比较新颖，结果有一定的效果，有一定的指导意义	结果具有前瞻性，有创新见解；观点新颖，有很大的指导意义。 能结合所建立的数学模型对所研究的实际问题进行合理的解释

对于学生的数学论文习作，教师在评价之时，应多以欣赏与鼓励为主，指导建议为辅，避免一味地指正批判，毕竟这多数是学生的第一篇数学论文，他们都付出了很多的心思和精力，心中多是饱含期待的，因此，为保护学生的钻研精神和自尊心，教师的赏识是非常重要的！

高中数学活动的评价

评价在教育中的功能是不可忽视的，具有反馈、导向、调节、激励、发展等功能，合理、科学的评价将有利于学生的发展，有利于教师的成长。

传统教学活动中，评价的核心和关键是教学目标是否达成；评价的依据是对学生的考核；评价的目的是通过考核进行反馈，促使教学活动尽可能接近教学目标。在传统教学评价中，学习评价以分数评价的形式反映了学生的学习状况：正在学习什么，记忆了多少，遗忘了多少。这种功利化的模式使部分考试成绩欠佳的学生丧失了学习数学的兴趣，打击了他们学习的自主能动性。

《普通高中数学课程标准》中对数学建模的评价为："评价学生数学建模的表现时，要重过程、重参与，不要苛求数学建模过程的严密、结果的准确。"高中数学活动评价既要看重结果，也要看重过程。

数学活动不仅仅是一个数字结果（它的结果或许不是唯一的），它是一个从发现问题、提出提问、综合利用各方面知识去解决问题的一个过程。它是将数学知识在操作中实践，将分析问题、解决问题、自主、合作、探究相互融汇的一个过程。

数学活动评价的根本出发点是提高学生学习数学的兴趣，提高学生应用数学的能力，发展学生的数学水平，培养学生用数学的眼光去看问题；数学活动评价的核心是学生"学习过程评价"和"多维度评价"；评价分三个过程进行：开题阶段、实施阶段、结题阶段；评价的方式采取等级制（优秀、良好、合格、有待提高）并附以评语。

一、高中数学活动评价原则

1. 高中数学活动评价要以激励性为原则

高中数学活动的目的是让学生"做"数学，在操作中，在过程中达到知识的迁移。《普通高中数学课程标准》提出：高中数学教学要构建共同基础，提供发展平台。数学活动的目的之一就是调动学生学习数学的积极性，提供给学生一个发现问题、运用知识、共同讨论、解决问题的平台。让参与的学生得到发展是活动的根本目的之一，所以评价活动以激励为主，突出发展性，评价的最重要的目是促进活动主体能发挥主观能动性，激励学生继续研究。同时要研究不同个体的心理特征，激励的手段也不同，对研究能力强的学生，最好的激励方式是指出其活动过程中的不足；对能力偏弱的学生，最好的激励方式是指出其闪光点。这就体现了教师的评价艺术。

2. 高中数学活动评价要以过程性为原则

受限于高中学生自身的能力水平，活动的结果未必是创新的或者是具有科研性的，但活动的过程能极大地反映出学生的数学能力水平，以及沟通、合作能力。"纸上得来终觉浅，绝知此事要躬行。"学生在活动的过程中，运用了科学的研究方法，把所学知识运用到实际环境中，也符合新课程标准中对数学建模的要求：通过数学建模，学生将了解和理解解决实际问题的全过程，体验数学与日常生活及其他学科的联系，感受数学的实用价值，增强应用意识，提高实践能力。在评价活动的过程中要注意全程跟踪学生的活动过程，关注学生在活动过程中的情感、态度及合作精神，并做出及时评价。过程评价不一定要到活动结束时才进行，在活动过程中及时评价可以促进活动的进展，可以让学生及时纠正不良习惯。关注学生在过程中的研究方法，及时评价，有利于学生做出方法选择的判断。

3. 高中数学活动评价要以独立性为原则

在数学活动中，学生是活动的主体、活动的实施者。活动小组应最大限度地独立完成方案设计、活动操作、数据分析等。学生在学校的时间是短暂的，走向社会就应具备独立分析、解决问题的能力，所以独立性也是数学活动的主要目的之一，也是评价原则之一。

4. 高中数学活动要以多元评价为原则

相比于数学考试，数学活动是知识能力的运用、再现及再创造的过程，数学活动是一个知识系统工程，也是一个团队活动。活动中包含知识因素、操作因素、沟通因素、表达因素等众多因素，所以在评价中，要多元评价。多元评价包括活动内容的多元评价、评价主体的多元评价。活动内容的多元评价包括资料文献收集、数学知识运用、活动方案、合作能力、论文、报告书写等。评价主体的多元评价包括学生自评、学生互评、教师评价、社会专业人士评价等，特别是社会专业人士的评价，对学生来说有较大的激励作用，也许会对学生的职业生涯教育起到积极的作用。高中数学活动评价既要有定性的评价分析，也要有定量的评价分析。评价的目的是促进学生活动水平和学习能力的提高，既有甄别学生能力水平的功能，又要体现学生的个体差异。

二、高中数学活动评价要素

1. 开题阶段评价要素

数学活动的选题：课题是不是由学生自主提出，课题是否是从学生自身的实际学习生活中来，所选课题是否合理可行，是否具有创新性，这些都体现着学生对于知识的理解能力和发现问题、提出问题的能力。

数学活动的实施方案：活动之前是否制订相应方案，步骤和分工的详细程度影响到活动的开展，能否按计划实施。

数学活动的问题是否适合学生水平：学生水平包括自身知识储备、学习能力和思考分析能力，如果不切实际高出学生水平，活动的可行性将大打折扣。

问题解决方案中所体现的数学知识和数学方法也是开题评价的一个重要参考方面，能运用好所学的知识和方法去解决问题，对学生的学习更有促进的作用。

2. 数学活动实施阶段评价要素

数学活动记录：是否有详细的数学活动记录。

学生参与活动的程度：学生参与活动的程度决定了活动的质量，因而对学生参与程度的评价尤为重要。

小组成员分工协作程度：成员之间是否有效互动；是否进行有效交流及沟通；是否兼顾到小组中能力较弱的成员，分工是否合理，活动是否有序进行。知识经济呼唤人的包容与合作，合作是现代社会的需要，能与人合作是现代社会的重要品质。因此，教师应关注对学生合作交流意识的培养与评价，关注学生是否主动地与同学合作，是否认识到自己在集体中的作用。

语言表达能力评价：是否能清晰地用语言表达自己的观点。语言表达包括书面表达和口头表达，具体体现为概念描述是否清晰，数学语言是否准确，语言表达是否符合科学思维和逻辑性等。

活动报告：是否比较详尽地涵盖了问题分析、方案建立、问题解决、方案改进。

过程方法的创新因素：是否有创新因素（解决问题是否运用了新方法、新思路、新模型等）。

3. 结题阶段评价要素

活动最终的结论：是否得到活动结论，结果的误差是否在允许范围内，结论有没有创新、独特的地方。

活动实验报告：对本次数学活动目的的理解，在活动中采取的方案，对结果的分析，在活动中遇到的困难，以及对数学活动中包含的相关数学知识进行总结。

活动成果展示：能否以丰富的信息准确、系统地展现小组的成果。艺术家的作品集中体现了其才能和艺术的造诣，同样学生的作品也显示出学生的才能技巧，证明了他们的进步和成长。

三、高中数学活动评价方式

数学活动大部分是以小组的形式开展的，活动评价目的在于促进学生的有效学习，提高学生学习数学的兴趣、运用数学的能力，创造团队合作的机会，所以在评价中，以小组为单位进行评价为宜。

《普通高中数学新课程标准》认为：高中数学的评价应该是多维度的，评价的方法应该是多样的，评价的主体应该是多元的。所以高中数学评价的具体方式可以采用小组（或个人）自评、小组互评、教师评价这三种评价相结合的形式。

1. 自评

自评是自己对自己的评价，对自己小组的评价。自评是对自我肯定的一个过程，也是一个自我发现，自我反思的过程。肯定自己在活动中的作用，肯定小组活动的成效；反思发现活动过程中哪些措施可以改进，也可以发现自身的优点；反思自身在知识方面、能力方面的不足。自评是一个自我总结，使自己在之后的数学活动中不断改善、提高的过程。学生自我评价是培养学生认识自我、认识社会、促进反思的重要手段。

在自评中，本小组成员围绕活动的前期工作、活动过程、活动总结及改进进行陈述说明：

（1）前期工作：在开题阶段，小组如何分析问题，收集了哪些方面的文献资料，活动预计的困难在哪里？如何制订活动计划？自我觉得前期工作，对活动实施提供了怎样的支撑？起到了怎样的作用？

（2）活动过程：小组重点要把活动的过程、步骤表达清楚。数学活动是如何开展的？分成几个步骤？每个步骤使用了什么方法解决问题，结果怎么样？

自我觉得数据记录是否全面准确？结果是否满意？分工是否合理？合作是否顺畅？讨论是否充分？

（3）活动总结及改进：总结中，小组要把整个活动中应用的数学知识、方法进行总结；对最后的活动结果，自评有什么创新之处，有哪些局限性，还有哪些可以改进的地方？

学生自评是让学生回顾一遍完整的数学活动，其中有数学知识、方法的应用，也有情感、品质、态度、价值观的体现。学生自评是学生对自己或小组的一种自我审视、调整。

2. 小组互评

小组互评是小组对其他活动小组的评价。古人云，"只在此山中，云深不知处。"也有"如入芝兰之室，久而不闻其香"。自我评价会有自己看不到的问题，所以我们也需要他人的评价。互评是促进学生理性地观察问题，客观地评价他人，提倡相互欣赏的重要途径。在学生互评中，鼓励学生相互提问题，找问题，同时也要学会发现他人的可取之处，值得学习的地方。在互评之前，应先阅读他人的活动报告、聆听他人自评，然后小组要有针对性地对其他小组进行非量化评价，可以以表格的形式进行（见表12）。

表12　小组互评表

我评价的数学活动题目	
我对他们前期准备工作的意见	评语：
我对他们分析、解决问题的看法	评语：
我对他们活动过程的看法	评语：
我对他们活动结果、活动报告的看法	评语：
我认为他们的特色及创新之处在于	评语：
我对他们活动的总体评价	等级：

高中学生已经具有了很强的自我意识，也有一定的批判性，同时有了一定量的知识储备，所以学生能够去评论他人的行为。互评中，活跃的气氛、踊跃地发言、激烈地讨论，形成了思维碰撞的火花，小组互评能够激发学生参与数学活动的激情，调动学生学习数学的积极性。

在小组互评中，教师要进行恰当的指导：学生评价的用语，用词要恰当，可以鼓励使用委婉的、鼓励性的语言；学生要客观评价，避免带着个人感情批判，更加不能伤害同学之间的友谊、感情。

3. 教师评价

教师评价是教师对学生整个活动的评价，它是一个全过程评价，不只是对数学活动结果的评价。教师评价更具有目标明确、重点突出、专业指导性强的特点。它是数学活动评价中不可或缺的一部分。

在教师评价中，教师要观察学生活动的全过程，认真批阅学生在活动每一个阶段所做的记录、报告，留意活动过程中小组的合作情况、实施情况、讨论情况，判断数据的合理性，结果的合理性、创新性。教师评价用语要具有数学学科特点，应使用学科语言，力求评价具有科学性、准确性、客观性。在评价中，要具体到位：学生在哪个步骤，哪个数据，哪个措施是值得其他小组学习的，或者是要改善的，避免泛泛而谈的笼统概括，也要避免无词可用的蜻蜓点水式评价。天生我材必有用，教师除了要发现学生应该改善的地方，也要发现学生或小组的长处。教师在数学活动的评价中，更多地应以鼓励为主，尽可能地发现学生在活动过程中的优点，在活动后的进步，多采用积极的、正面的评价。教师在评价过程中要兼顾学生的个性和特点，能力偏弱的学生要多抓住其闪光点加以鼓励，增强自信心；能力强的学生，更多地要去发现其存在的问题，指出问题所在及改进方向。

类比于徐稼红在《中学数学应用与建模》对数学建模的评价，可以将高中数学活动的评价从 6 个方面，进行了 3 个等级的评价（见表 13）。

表 13　高中数学活动层次对照表

方面	水平 1	水平 2	水平 3
正确理解活动目的	小组交流或与教师讨论后能完成	能从实际问题中发现问题，并转化成数学问题	能发现缺少的信息和辨别出无用信息以及结论是否开放
确定变量、建立变量关系	小组讨论或教师指导后能完成	能找出主要的变量并表示出变量关系	能独立发现变量之间的关系并用数学关系表示
解决数学问题	通过提示后能解决	能解决数学问题，但不能改进方案	能独立地解决数学问题并对活动方案进行改进
书面和口头交流活动结果	活动报告较有条理，被鼓励后能口头表达	能独立地、清晰流畅地口头表达活动结果	在水平 2 的基础上更具有创新性

方面	水平 1	水平 2	水平 3
简单应用	可以直接运用数学公式来解决实际问题	能将符号语言和文字语言相互转化	能解决同类型的数学问题
综合应用	能将实际问题转化为数学问题并做出解答	能用不同的数学方法解决实际问题，并对结果进行解析和检验	在水平 2 的基础上优化活动方案，有创造性

《普通高中数学课程标准》指出：数学学习评价，既要重视学生知识、技能的掌握和能力的提高，又要重视其情感、态度和价值观的变化；既要重视学生学习水平的甄别，又要重视其学习过程中主观能动性的发挥；既要重视定量的认识，又要重视定性的分析；既要重视教育者对学生的评价，又要重视学生的自评、互评。总之，应将评价贯穿数学学习的全过程，既要发挥评价的甄别和选拔功能，又要突出评价的激励和发展功能。

同样，在数学活动的评价体系中，评价不仅只关注活动的结果，对于高中学生，更加要关注活动的过程：学生在活动过程中的表现，在过程中的收获，以及活动过后的改变；评价的主体不仅是老师，还融入了学生自身对自己的评价，还有同学之间的评价。

第四章

高中数学活动案例

4

案例一:《探究函数性质:
$y = ax^3 + bx^2 + cx + d (a \neq 0)$》

一、设计方案

《探究函数性质: $y = ax^3 + bx^2 + cx + d(a \neq 0)$》的设计方案见表1。

表1　《探究函数性质: $y = ax^3 + bx^2 + cx + d(a \neq 0)$》的设计方案

课题名称	探究函数性质: $y = ax^3 + bx^2 + cx + d(a \neq 0)$
活动类型	探究性学习
课题 设计 说明	1. 学生学习了导数后,掌握了函数性质的研究方式。 2. 通过学生实践活动去探究函数的性质,引导学生思考问题,理论联系实际。 3. 通过研究促进学生对所学知识的应用与反思,加深对知识的理解与掌握,还能实现对课本知识的延伸。 4. 本课题的研究适合中上层次的学生。通过小组合作共同研究,提高学生的合作能力和研究能力。
时间安排	学习导数后,适合安排在课外时间,时间为一周。
学生需 具备的 知识	1. 高中函数导数所要求的知识。 2. 计算机相关软件(学生自学)。 3. 查阅文献(学生自学)。
提出 问题	1. $y = ax^3 + bx^2 + cx + d(a \neq 0)$ 图像大致如何? 2. 作出具体系数的函数图像,并研究其性质。 3. 在研究过程中你还能发现哪些性质?

课题名称	探究函数性质：$y = ax^3 + bx^2 + cx + d(a \neq 0)$
预计 达到 的目标	1. 参加活动的小组能自己设计合理方案进行研究。 2. 活动方案呈现多样化。 3. 对提出的问题能通过研究得到答案。 4. 能在研究过程中提出问题。 5. 每个成员撰写研究报告。 6. 活动结束后有学生能撰写小论文。
参考 研究 方案	方案一：利用计算机软件辅助作图，研究函数的图像与性质。 方案二：选取切线作为研究课题，研究切线与函数图像的关系。 方案三：选取已定的系数进行研究，利用特殊的图像和性质去研究一般性。 方案四：选取零点作为研究的课题，研究零点的个数问题。

二、开展流程

《探究函数性质：$y = ax^3 + bx^2 + cx + d(a \neq 0)$》的开展流程见表 2。

表 2 《探究函数性质：$y = ax^3 + bx^2 + cx + d(a \neq 0)$》的开展流程

流程	内容
选题	确定小组成员
	小组讨论教师提出的课题
	选择一个子课题为研究方向
开题	小组讨论研究方案
	开展开题报告活动，阐述研究的可行性和研究方法
	教师评价
探究 过程	小组按计划开展研究
	教师提供指导帮助
结题	小组撰写好结题报告
	开展结题报告活动
	评价：学生自评、学生互评、教师点评
总结	指导有能力的学生撰写论文或研究报告
	做好活动记录、档案的整理和归档

1. 确定小组成员，选定课题

教师公布探究性学习课题"探究函数性质：$y = ax^3 + bx^2 + cx + d(a \neq 0)$"，自公布之日起三天，由学生自由选择是否参加，自己组成研究小组，人数 4~6 人，自己选定小组负责人，自命小组名，组织小组讨论研究的具体内容，将讨论的结果上报到年级。年级组织教师审议后，公布符合要求的小组名单。

2. 开题报告

通过审议后，小组负责人组织讨论开题报告，并在三天后举行开题报告会。开题报告会选择在课外活动时间举行，全体参与学生参加，由小组负责人做开题报告，由指导教师评审。每个小组制作开题报告的 PPT，并上交开题报告表。表 3、表 4 是开题报告表示例：

表 3　高中数学活动开题报告表（1）

高二年级（11）班　　　　　　　　时间 2017 年 12 月 6 日

课题题目	函数 $y = ax^3 + bx^2 + cx + d(a \neq 0)$ 的切线探究		
活动类型	探究性学习		
选题来源	自选课题 ■ 　　　　　　　老师提供 □		
课题组长	陈××	指导老师	陈老师
课题成员	"快乐至上"组全体成员		
课题背景	学习完 2－2 第一章《导数及其应用》，我们学习了求函数的切线，老师提出了"探究函数性质：$y = ax^3 + bx^2 + cx + d(a \neq 0)$"这一课题，我们小组选择从切线方向研究，原因是我们已经学习怎么求切线，但对于函数 $y = ax^3 + bx^2 + cx + d(a \neq 0)$ 的切线，我们不想只停留在求切线的层面，更想通过探究，看看这类函数的切线还有什么性质。		
研究方法	小组成员通过特殊函数求出切线方程，巩固求切线方程的方法，利用计算机辅助作图，更准确地研究切线。再从特殊性出发研究一般性		
研究方案	1. 选取一系列函数求切线方程，并画草图。 2. 利用计算机软件作图对比。 3. 分类讨论。 4. 查阅资料。 5. 总结。		

时间安排	利用课外时间，为期一周
指导老师意见	1. 研究方案合理。 2. 建议关注一些特殊点的切线。 3. 与圆的切线对比
备注	

表4　高中数学活动开题报告表

高二年级（11）班　　　　　　　时间 2017 年 12 月 6 日

课题题目	函数 $y = ax^3 + bx^2 + cx + d(a \neq 0)$ 的图像探究		
活动类型	探究性学习		
选题来源	自选课题 ■		老师提供 □
课题组长	廖×明	指导老师	陈老师
课题成员	"顶呱呱"组全体成员		
课题背景	学习完 2 - 2 第一章《导数及其应用》，老师提出了"探究函数性质：$y = ax^3 + bx^2 + cx + d(a \neq 0)$"这一课题，我们小组选择从图像方向研究，探究不同的系数，函数图像的变化。		
研究方法	小组成员通过特殊函数利用计算机辅助作图，通过系数的改变去研究图像变化。		
研究方案	1. 利用计算机软件作图，改变系数去观察总结图像的变化。 2. 分析变化的规律。 3. 总结。		
时间安排	利用课外时间，为期一周		
预计成果	1. 熟悉计算机软件作图。 2. 探究出图像变化的原因。 3. 将研究结果形成研究报告。		
指导老师意见	1. 研究方案合理。 2. 建议把计算机作图推广到其他小组。		
备注			

3. 活动过程

学生利用课外时间进行研究活动。在活动过程中，由小组负责人负责分工、协调，并做好活动记录（见表5、表6），如果活动过程中提出疑问，主要在小组内解决，也可以请指导老师指点。

表5　高中数学活动记录表

高二年级（11）班　　　　　　活动时间 2017 年 12 月 7 日—12 月 9 日

课题题目	函数 $y = ax^3 + bx^2 + cx + d(a \neq 0)$ 的切线探究		
选题来源	自选课题 ■	老师提供 □	
课题组长	陈××	指导老师	陈老师
课题成员	"快乐至上"组全体成员		
活动目的	探究切线与函数的关系		
活动内容	1. 选定特殊函数，求某个点处的切线方程，作草图。 2. 利用计算机软件作图。 3. 讨论切线与函数图像的关系。		
活动用器	计算机		
活动记录			
时间	过程		
	1. 先从特殊的函数 $y = x^3$ 上取点进行研究：在（-1，-1），（0，0），（2，8）点处的切线并画图。 2. 过某点的切线：过点（-1，-1），（0，2）的切线方程并画图。 3. 函数 $y = \frac{1}{3}x^3 + \frac{1}{2}x^2 - 2x + 1$，研究在 $x = -3, x = -2, x = 0, x = 1, x = 2$ 处的切线方程并画图。		
活动结果（解决问题、结论、提出问题）	1. 在某点处的切线方程只有一条。 2. 过某点的切线方程可能有多条。 3. 切线与函数的交点可能不止一个。 4. 函数 $y = x^3$ 在点（0，0）处的切线方程是 $y = 0$？这条线叫切线吗？		

表6　高中数学活动记录表

高二年级（11）班　　　　　　　　活动时间 2017 年 12 月 11 日—12 月 12 日

课题题目	函数 $y = ax^3 + bx^2 + cx + d(a \neq 0)$ 的切线探究		
选题来源	自选课题 ■		老师提供 □
课题组长	陈××	指导老师	陈老师
课题成员	"快乐至上"组全体成员		
活动目的	探究在特殊点上的切线方程		
活动内容	1. 选定函数，研究在特殊点处的切线方程。 2. 利用计算机软件作图。 3. 讨论哪些为特殊点？这些特殊点处的切线有哪些特征？		
活动用器	计算机		
活动记录			
时间	过程		
	1. 讨论对于 $y = ax^3 + bx^2 + cx + d(a \neq 0)$ 哪些是特殊点。 2. 求在特殊点处的切线方程。 3. 总结。		
活动结果（解决问题、结论、提出问题）	1. 特殊点有：极值点、零点、拐点。 2. 在极值点处的切线方程斜率为 0，与函数有两个交点。 3. 在零点处的切线没有明显特征。 4. 在拐点处的切线最特殊，穿过函数图像，与函数只有一个交点。		

4. 课题研究报告

学生在一周后，由小组负责人负责安排填写研究报告表，如果不能如期完成，可向老师申请延期。研究报告表（见表7）的填写时间一般安排三天。

表7 高中数学活动研究报告表

高二年级（11）班 　　　　　时间 2017 年 12 月 15 日

课题题目	函数 $y = ax^3 + bx^2 + cx + d(a \neq 0)$ 的切线探究		
选题来源	自选课题 ■■		老师提供 □
课题组长	陈××	指导老师	陈老师
课题成员	"快乐至上"组全体成员		
活动目的	探究切线与函数的关系		
活动内容	1. 选定特殊函数，求某个点处的切线方程，作草图。 2. 利用计算机软件作图。 3. 讨论切线与函数图像的关系。 4. 研究特殊点处的切线方程。		
活动用器	计算机		
活动过程			
时间	过程		
	1. 先从特殊的函数 $y = x^3$ 上取点进行研究：在 $(-1, -1)$, $(0, 0)$, $(2, 8)$ 点处的切线并画图。 2. 过某点的切线：求出过点 $(-1, -1)$, $(0, 2)$ 的切线方程并画图。 3. 函数 $y = \dfrac{1}{3}x^3 + \dfrac{1}{2}x^2 - 2x + 1$，研究在 $x = -3, x = -2, x = 0, x = 1, x = 2$ 处 的切线方程并画图。 4. 讨论对于 $y = ax^3 + bx^2 + cx + d(a \neq 0)$ 哪些是特殊点。 5. 求在特殊点处的切线方程。 6. 总结。		
活动结果（解决问题、结论、提出问题）	1. 在某点处的切线方程只有一条。 2. 过某点的切线方程可能有多条。 3. 切线与函数的交点可能不止一个。 4. 在极值点处的切线方程斜率为 0，与函数有两个交点。 5. 在零点处的切线没有明显特征。 6. 在拐点处的切线最特殊，穿过函数图像，与函数只有一个交点。		

活动过程	
经验总结	1. 利用计算机作图软件方便研究。 2. 充分利用好网络资源，查阅资料，扩展知识
反思	理解函数的切线的斜率的几何意义，不能用特殊的圆的切线与圆只有一个交点去理解函数的切线与函数只有一个交点

5. 活动结题

学生提交研究报告表后，指导教师先审阅研究报告表，与小组负责人沟通，然后确定结题时间。结题形式可以是提交结题申请和结题报告 PPT，但最好集中，将同一课题或多个课题进行统一结题，让学生有展示和学习的机会，更利于学生之间的自评和互评。

结题过程是主持人介绍、课题主持人做结题报告、提问、评价、总结五个阶段。主持人由学生担任，课题主持人做结题报告后，学生可以就课题的结论进行提问。然后是课题组自评、学生互评、教师评价，最后是评审小组审议总结。

6. 评价

结题报告后，学生对自己的活动进行自我评价。自我评价主要是评价活动方案的合理性，成员之间的合作态度和协调性，活动过程中提出问题、解决问题的能力。自我评价重在总结活动过程的得失，是对经验的总结。

小组间的互评，主要从欣赏他人的角度出发，着重评价合作交流的能力，评价是否能提出问题和解决问题，评价所研究的问题是否对大家有启发。

教师评价，教师主要从学生的选题和研究方案的合理性和创造性的角度去评价，从学生的活动过程的主动性和合作态度的角度去评价，从结论的价值的角度去评价。

数学活动的评价遵循评价主体多元化的原则，有条件的可以请家长、社会有关人士、专家等进行评价。评价方式和方法遵循多样化的原则，主要以定性评价为主，记录学生的活动过程，最好建立学生活动的记录数据库。

活动评价表见表8。

表8 高中数学活动评价表

高二年级（11）班　　　　　　　　时间 2017 年 12 月 15 日

课题：函数 $y = ax^3 + bx^2 + cx + d(a \neq 0)$ 的切线探究

小组："快乐至上"组全体成员

评价内容	评价标准	自我评价	学生评价	教师评价
选题	选题是否自主	否	—	—
	选题的合理性	A	A	A
	选题的创新性	A	A	A
方案	方案的合理性	A	A	A
	方案的创新性	A	B	B
参与和合作	成员的参与程度	A	A	A
	成员的合作态度	A	A	A
发现问题、提出问题	能按方案研究问题	A	A	A
	善于思考，能发现问题、提出问题	B	B	B
	能解决提出的问题	A	A	A
表达能力、交流能力	使用数学语言的准确性	A	A	A
	表达观点的准确性	A	B	B
	交流能力	A	A	A
收获	本课题的收获	A	A	A
	能力的提升	A	A	A
态度	成员的参与态度	A	A	A
自我评价	选取的活动方案合理，小组内成员分工合作，组内能协调各项工作，通过研究，对函数的切线有进一步的理解，还通过研究特殊点的切线，在网上查阅资料，知道了"拐点"的概念。感谢"顶呱呱"组同学教会我们使用软件作图。			
学生评价	1. 从其他小组的研究中自己也收获不少，会对这些结论做进一步的研究。 2. 特别欣赏能提出问题的小组。 3. 小组的合作精神值得大家学习。			
教师评价	1. 能使用计算机辅助作图，而且使用熟练，是同学们的一大进步。 2. 能通过小组合作研究得出性质，并能在各小组间互相分享成果，充分体现了合作精神和共享精神。 3. 能提出问题，并利用网络资源学习，解决问题。			

（注：评价分 A，B，C，D 四个等级，A 表示"非常好"，B 表示"好"，C 表示"中等"，D 表示"一般"。）

7. 学生论文

学生论文是学生在活动过程中的感悟，不要求每一位学生或每一个小组都要写，对于活动开展比较好的小组，可建议学生将活动的过程或活动的感悟写下来，也可以在结题后，综合其他小组的成果进行总结。

学生小论文示例如下。

函数 $y = ax^3 + bx^2 + cx + d(a \neq 0)$ 切线探究

在学习完导数在函数中的应用后，老师给我们设计了一个课题——探究函数性质：$y = ax^3 + bx^2 + cx + d(a \neq 0)$，以学习小组为单位进行，我们组由老师指导选取研究切线。

选定研究方向后，我们小组组织讨论研究方案，从特殊的函数入手，求切线方程，并用计算机作图进行研究。

我们先研究在函数某点处的切线。从特殊的函数 $y = x^3$ 上取点进行研究，求出 $(-1, -1)$，$(0, 0)$，$(2, 8)$ 点处的切线并画图。先求出切线方程，然后利用计算机作图软件作图，观察切线与函数图像的关系。然后研究函数 $y = \frac{1}{3}x^3 + \frac{1}{2}x^2 - 2x + 1$，研究在 $x = -3, x = -2, x = 0, x = 1, x = 2$ 处的切线方程并画图。我们得出结论：

（1）在某点处的函数切线方程只有一条。

（2）切线与函数的交点可能不止一个，不要受直线与圆、直线与圆锥曲线相切只有一个交点的影响，误认为函数的切线一定与函数只有一个交点。同时提出了疑问：函数 $y = x^3$ 在点 $(0,0)$ 处的切线方程是 $x = 0$ 吗？这条线叫切线吗？

对于我们提出的疑问，老师帮我们分析，函数 $y = x^3$ 在点 $(0, 0)$ 处的切线方程是 $y = 0$，这条切线比较特殊——穿过函数 $y = x^3$ 的图像。老师也向我们提出一个问题：函数 $y = ax^3 + bx^2 + cx + d(a \neq 0)$ 是否也有这样的点（这个点处的切线穿过其函数图像）？我们带着这个问题继续研究。

我们接着研究过某点的函数切线：求出函数 $y = x^3$ 过点 $(-1, -1)$，$(0, 2)$ 的切线方程并画图。

小结：

（1）在某点处的切线，是已知切点，而求过某点的切线，这个点不一定是切线，还可能不在曲线上。

（2）求过某点的切线，先设切点，求切线方程，再把点代入切线方程，求出切点和切线。

（3）做题时，要先审清题意，注意是"在某点处的切线"还是"过某点的切线"。

我们继续研究老师给我们提出的问题。我们先从特殊的情况去思考，函数 $y = x^3$ 在点 $(0，0)$ 处的切线方程是 $y = 0$，但只有一条不能找出规律。我们从网上查找信息，网上查到的资料显示：二阶导数为零时切线穿过函数。

我们根据查到的资料去验证，先从函数 $y = \frac{1}{3}x^3 + \frac{1}{2}x^2 - 2x + 1$ 开始验证，过程如下：

解：由函数 $y = \frac{1}{3}x^3 + \frac{1}{2}x^2 - 2x + 1$ 求出导数 $y' = x^2 + x - 2$，

再二次求导 $y'' = 2x + 1$，

令 $y'' = 2x + 1 = 0$，解得 $x = -\frac{1}{2}$，

在 $x = -\frac{1}{2}$ 处的切线斜率 $y'|x = -\frac{1}{2} = \left(-\frac{1}{2}\right)^2 + \left(-\frac{1}{2}\right) - 2 = -\frac{9}{4}$

在 $x = -\frac{1}{2}$ 处的切线方程为 $y - \frac{25}{12} = -\frac{9}{4}\left(x + \frac{1}{2}\right)$

即 $y = -\frac{9}{4}x + \frac{23}{24}$

利用计算机软件作图验证。

对于这个发现，我们小组的同学很兴奋，与老师和同学们分享了我们的成果，得到老师和同学们的肯定。老师又给我们提出一个问题：过函数 $y = ax^3 + bx^2 + cx + d$ 上某点的切线有多少条？

这次我们从前面研究过的函数入手——函数 $y = \frac{1}{3}x^3 + \frac{1}{2}x^2 - 2x + 1$，过 $x = -3，x = -2，x = 0，x = 1，x = 2$ 的切线方程。阿娟提出要增加过 $x = -\frac{1}{2}$。我们分工合作，每人解一个，再画图检验。

通过一系列研究，我们小组得出函数 $y = ax^3 + bx^2 + cx + d$ 切线的一些性质：①在某点处的切线只有一条，在二次导数为零的点处切线穿过函数图像；②过函数上某点的切线有两条，但过二次导数为零的点的切线只有一条。

这次研究课题，我们小组收获了很多，特别是在研究课题的过程中，不断能

发现问题、提出问题，及时与老师沟通，并获得老师的指点，老师也提出新的问题让我们深入去探究。而且我们还能利用网络和计算机软件辅助我们进行研究。

函数 $y = ax^3 + bx^2 + cx + d(a \neq 0)$ 性质探究

在学习完导数在函数中的应用后，老师给我们设计了一个课题——探究函数性质：$y = ax^3 + bx^2 + cx + d(a \neq 0)$。以学习小组为单位进行，我们组经过讨论，选择利用计算机辅助作图对函数性质进行研究。

开始研究时，我们通过计算机作图，阿森先教全组成员学习利用软件作函数图像，其他小组的成员也参与了学习。同学们尝试作出作业中的图像，利用图像很容易看出函数的性质。

学会使用工具后，我们开始制订研究方案：选取函数 $y = x^3 + bx^2 + x$，通过计算机作图，改变系数 b，观察函数图像的变化。得出的结论是：

（1）函数 $y = ax^3 + bx^2 + cx + d(a > 0)$ 的单调性导函数 $y' = 3ax^2 + 2bx + cx$ 中，$\Delta \leq 0$ 时，函数单调递增；$\Delta > 0$ 时，函数先增后减再增。

2. 函数 $y = ax^3 + bx^2 + cx + d(a > 0)$ 的单调性导函数 $y' = 3ax^2 + 2bx + cx$ 中，$\Delta \leq 0$ 时没有极值；$\Delta > 0$ 时，函数有极大值和极小值，极值点是导函数的两个零点。

此外，我们也从图像中感觉到图像的对称，提出是否真的具有对称性？为此我们和老师交流，老师表扬了我们的大胆猜想，提出让我们自己去尝试证明。得到了老师的肯定，我们小组成员都很兴奋，着手考虑如何证明。

首先，我们考虑直接从软件上去找对称中心，但不成功。后来阿德想到利用已经知道是对称的函数去寻找规律。我们首先找的是 $y = x^3$，$y = (x - 1)^3$，$y = (x + 2)^3 + 1$，这些函数的对称中心是 $(0, 0)$，$(1, 0)$，$(-2, 1)$，然后我们想这些点与函数的哪些因素有关。我们讨论了几次，课后也进行了独立研究，最后发现这些点与导函数的对称轴有关，我们研究了 $y = ax^3 + bx^2 + cx + d$ 的导函数都是二次函数，导函数的函数值就是函数的切线斜率，那么，斜率变化是对称的，函数图像应该也是对称的。发现这个规律后，我们先证明特殊的一个函数，为了运算方便，我们选取了 $y = \dfrac{1}{3}x^3 + x^2 - 3x + 1$ 来证明。证明过程略，也利用作图软件找到了这个对称点。

接下来，我们证明 $y = ax^3 + bx^2 + cx + d$ 的对称性。

证明：先求导 $y' = 3ax^2 + 2bx + c$

导函数的对称轴为 $x = -\dfrac{b}{3a}$

则证明函数关于点 $\left(-\dfrac{b}{3a}, \dfrac{2b^3}{27a^2} - \dfrac{bc}{3a} + d\right)$ 对称

设 (x_0, y_0) 在曲线上，即 $y_0 = ax_0{}^3 + bx_0{}^2 + cx_0 + d$

则 (x_0, y_0) 关于 $\left(-\dfrac{b}{3a}, \dfrac{2b^3}{27a^2} - \dfrac{bc}{3a} + d\right)$ 的对称点为

$\left(-\dfrac{2b}{3a} - x_0, 2\left(\dfrac{2b^3}{27a^2} - \dfrac{bc}{3a} + d\right) - y_0\right)$

$$
\begin{aligned}
f\left(-\frac{2b}{3a} - x_0\right) &= a\left(-\frac{2b}{3a} - x_0\right)^3 + b\left(-\frac{2b}{3a} - x_0\right)^2 + c\left(-\frac{2b}{3a} - x_0\right) + d \\
&= -a\left(\frac{8b^3}{27a^3} + 3\frac{4b^2}{9a^2}x_0 + 3\frac{2b}{3a}x_0{}^2 + x_0{}^3\right) + b\left(\frac{4b^2}{9a^2} + 2\frac{2b}{3a}x_0 + x_0{}^2\right) \\
&= + c\left(-\frac{2b}{3a} - x_0\right) + d - ax_0{}^3 - bx_0{}^2 - cx_0 + \frac{4b^3}{27a^2} - \frac{2bc}{3a} + d \\
&= (-ax_0{}^3 - bx_0{}^2 - cx_0 - d) + \frac{4b^3}{27a^2} - \frac{2bc}{3a} + 2d \\
&= -y_0 + 2\left(\frac{2b^3}{27a^2} - \frac{bc}{3a} + d\right)
\end{aligned}
$$

所以 $\left(-\dfrac{b}{3a}, \dfrac{2b^3}{27a^2} - \dfrac{bc}{3a} + d\right)$ 也在曲线上。

结论：函数 $y = ax^3 + bx^2 + cx + d$ 关于 $\left(-\dfrac{b}{3a}, \dfrac{2b^3}{27a^2} - \dfrac{bc}{3a} + d\right)$ 对称。

我们把发现的性质与同学们分享，获得了老师与同学们的掌声。最后老师也和我们一起总结了 $y = ax^3 + bx^2 + cx + d$ 函数的导函数中要读取的信息点：导函数的图像在 x 轴的上方对应的是原函数的增区间，下方对应的是原函数的减区间，零点与极值点有关，对称轴与对称中心有关。

通过这次的课题研究，我们收获了不少，特别是解决问题的能力得到提升，还能提出问题并自己去解决，让我们体会到学习的乐趣，收获了小小的成就感。

三、活动反思

活动结束后需要多方面进行反思，从中总结经验，为以后的活动开展提供帮助。

1. 教师的反思

通过此次研究活动的开展，我们发现部分学生研究能力比较强，自主研究

的精神可嘉。活动开展过程中，我们发现学生的研究兴趣高，钻研精神强，能在活动过程中提出问题，并能寻找解决问题的途径和方法。大部分学生能做到小组内分工合作，小组间资源共享。对于研究结果，超出了老师的预计，老师低估了学生的研究能力。

存在的问题是：部分学生在小组研究过程中缺乏主动性，处于边缘化，今后在小组分组合作中要注重学生之间的能力差距；学生在研究过程中缺少整体规划，没有先讨论研究方案，而是盲目开展，今后要先进行活动开展的过程培训，指导学生如何科学开展研究活动；学生在查阅资料中还不善于利用资源，今后将对如何查阅资料做相关指导；学生撰写的小论文不规范，今后需开展论文撰写的专题讲座。

2. 学生的反思

通过此次研究活动，我们发现数学还是比较有趣的，自己研究得到结果虽然花的时间多，但在过程中学到的东西也多，终于理解了"过程比结果重要"。当我们投入学习时，发现时间过得很快，我们要合理安排时间，充分利用好课余的时间。在研究过程中，也暴露了存在的问题。

存在的问题是：自主研究的能力比较弱，很多时候想要依赖老师，今后的活动需要我们更主动更独立地去完成；小组合作中每个成员的任务安排不明确，导致部分成员参与度不高，今后任务分配要注意明确合理；研究过程中有想法但表达能力不强，如何准确表达自己的想法，如何用准确的数学语言表达都是今后我们要锻炼的。

案例二：《个人所得税的缴纳计算》

一、课题背景

学生在家里了解到个人所得税专项附加扣除这个政策，提出如何计算个人所得税的问题。其实在必修一的学习中，人教版第一章函数的复习参考题中就出现了有关个人所得税的纳税问题，学生在课堂上进行了计算和解决，已对个人所得税的计算有了初步认识。

二、设计方案

个人所得税的缴纳计算的设计方案见表 9。

表 9　个人所得税的缴纳计算的设计方案

课题名称	个人所得税的缴纳计算
活动类型	数学建模
问题提出	学生了解到新的个人所得税法实施，提出个人所得税的缴纳问题
时间安排	适合安排在课外时间，时间为两周
学生需 具备的知识	1. 高中函数的知识。 2. 计算机相关软件。 3. 查阅文献。
预计达到 的目标	1. 了解国家个人所得税法，加强依法纳税的公民意识。 2. 了解我国个人所得税法不同时期的纳税情况。 3. 能计算出个人需缴纳的税。 4. 能编写简单的小程序。 5. 尝试了解其他国家或地区的个人所得税情况。 6. 撰写研究报告。

三、开展流程

个人所得税的缴纳计算的开展流程见表 10。

表 10　个人所得税的缴纳计算的开展流程

流程	内容
选题	确定小组成员
	小组讨论老师提出的课题
	选择一个子课题为研究方向
开题	小组讨论研究方案
	开展开题报告活动，阐述研究的可行性和研究方法
	教师评价
探究过程	小组按计划开展研究
	教师提供指导帮助
结题	小组撰写好结题报告
	开展结题报告活动
	评价：学生自评、学生互评、教师点评
总结	指导有能力的学生撰写论文或研究报告
	做好活动记录、档案的整理和归档

1. 自主提出问题，确定小组成员

学生了解到家长需申报个人所得税的专项附加扣除，提出个人所得税的缴纳计算问题，并成立研究小组，人数为 4 人，自己选定小组负责人，组织小组成员讨论研究的具体内容，将讨论的结果上报年级老师审议。

2. 开题报告

通过审议后，小组负责人组织讨论开题报告，并在三天后举行开题报告会。开题报告会选择在课堂时间进行，所在班全体学生参加，由小组负责人做开题报告，由指导教师评审。小组制作开题报告的 PPT，并上交开题报告表（见表 11）。

表 11　高中数学活动开题报告表

高一年级（1）班　　　　　　　　时间 2019 年 1 月 7 日

课题题目	个人所得税的缴纳计算		
活动类型	数学建模		
选题来源	自选课题 ■	老师提供 □	
课题组长	陈×东	指导老师	洪老师
课题成员	"开心麻花"组全体成员		
课题背景	听到父母申报个人所得税的专项附加扣除，了解到个人所得税新政策实施，因此提出这个与每个纳税人都相关的问题。		
研究方法	行动法		
研究方案	1. 小组成员通过查阅资料，了解新政策，对比原来的政策。 2. 通过具体的收入计算缴纳的个人所得税。 3. 编写程序。 4. 总结。		
时间安排	利用课外时间，为期两周。		
指导老师意见	1. 问题提出紧跟时事，与生活息息相关。 2. 研究方案合理，建议对比前后的政策个人所得税的情况。 3. 建议以自己父母为个案，以身边的亲戚或老师为个案研究。 4. 尝试了解其他国家或地区的个人所得税政策。		
备注			

3. 活动过程

学生利用课外时间进行研究活动，在活动过程中，小组负责人负责分工、协调，并做好活动记录。

第一，了解政策，了解个人所得税法。《中华人民共和国个人所得税法实施条例》于 1994 年 1 月 28 日发布，经历了四次修订，现在实施的是 2018 年 12 月 18 日颁布的第四次修订。了解哪些个人所得在个人所得税法规定的范围内，发现涉及的范围太广，决定从工薪族入手。了解专项附加扣除项目。

第二，找个例进行计算，为了准确，两个人同时计算。

第三，编程（利用 EXCEL 进行）。

如果活动过程中提出疑问，主要由小组内解决，也可以请指导教师指点。

活动记录见表 12、表 13。

表 12　高中数学活动记录表

高一年级（1）班　　　　　　　活动时间 2019 年 1 月 7 日—1 月 9 日

课题题目	个人所得税的缴纳计算		
选题来源	自选课题 ■		老师提供 □
课题组长	陈×东	指导老师	洪老师
课题成员	"开心麻花"组全体成员		
活动目的	了解《中华人民共和国个人所得税法实施条例》		
活动内容	1. 了解《中华人民共和国个人所得税法实施条例》。 2. 重点了解个人所得是否在个人所得税法规定的范围内。 3. 了解专项附加扣除项目。		
活动记录			
时间	过程		
	1. 上网查阅《中华人民共和国个人所得税法实施条例》：于 1994 年 1 月 28 日发布，经历了四次修订，现行的是 2018 年 12 月 18 日颁布的第四次修订。 2. 个人所得税法规定的各项个人所得的范围，以老师为例：工资、薪金、奖金、年终加薪、劳动分红、津贴、补贴、劳动报酬、稿酬、利息等。 3. 调查了解个人需缴交的五险一金。 4. 了解专项附加扣除项目：子女教育、继续教育、赡养老人、住房贷款利息、住房租金、大病医疗等。		
活动结果（解决问题、结论、提出问题）	1. 了解新政策中个人所得税征收的范围（比大家想象的要多，每个同学都回家跟父母进行普法教育）。 2. 了解专项附加扣除项目是一项惠及纳税人的政策。		

表 13　高中数学活动记录表

高一年级（1）班　　　　　　活动时间 2019 年 1 月 10 日—1 月 12 日

课题题目	个人所得税的缴纳计算		
选题来源	自选课题 ■	老师提供 □	
课题组长	陈×东	指导老师	洪老师
课题成员	"开心麻花"组全体成员		
活动目的	计算个人所得税需缴纳的金额		
活动内容	1. 选定两个人作为个例，进行计算。 2. 利用计算机辅助计算		
活动用器	计算机		
活动记录			
时间	过程		
	1. 选定的个例：收入 10780 元。 2. 收入 10780 元，扣除养老保险 432.5 元、住房公积金 1370 元、医疗保险 72.46 元、失业保险 72.46 元，余 8833.08 元。专项附加扣除：子女教育 500 元，赡养父母 1000 元，住房贷款 500 元。需缴税 55 元。		
活动结果（解决问题、结论、提出问题）	1. 问题一：每个人每个月的收入不一样，纳税是先按全年平均工资扣的，最后再根据本年收入调整。 2. 问题二：五险一金的扣除比例与地方、单位有关。 3. 问题三：遇到实际问题，好多人只知道自己实际领到的工资，扣除部分都不清楚。		

4. 课题研究报告

学生在一周后，由小组负责人负责安排填写研究报告表，如果不能如期完成，可向老师申请延期。研究报告表（见表 14）的填写时间一般安排三天。

表14 高中数学活动研究报告表

高一年级（1）班　　　　　　　　时间 2019 年 1 月 20 日

课题题目	个人所得税的缴纳计算		
选题来源	自选课题 ■	老师提供 □	
课题组长	陈×东	指导老师	洪老师
课题成员	"开心麻花"组全体成员		
活动目的	个人所得税的缴纳计算		
活动内容	1. 了解《中华人民共和国个人所得税法实施条例》。 2. 重点了解个人所得是否在个人所得税法规定的范围内。 3. 了解专项附加扣除项目。 4. 调查了解个人需缴纳的五险一金。 5. 计算个人所得税需缴纳的金额。 6. 编写程序。		
活动用器	计算机		
活动过程			
时间	过程		
	1. 上网查阅《中华人民共和国个人所得税法实施条例》：于 1994 年 1 月 28 日发布，经历了四次修订。现行的是 2018 年 12 月 18 日颁布的第四次修订；上网查阅个人所得税法规定的各项个人所得的范围，以老师为例：工资、薪金、奖金、年终加薪、劳动分红、津贴、补贴、劳动报酬、稿酬、利息等。上网查阅了解专项附加扣除项目：子女教育、继续教育、赡养老人、住房贷款利息、住房租金、大病医疗。上网查阅需缴纳的五险一金：养老保险、医疗保险、失业保险、工伤保险、生育保险、住房公积金。 2. 了解本地工薪族的收入状况。本城区工薪阶层人均收入 4000 元，一般在 2500～10000 元。 3. 了解本地五险一金的缴纳比例。 4. 计算个人所得税需缴纳的金额。个案：收入 10780 元，扣除养老保险 432.5 元、住房公积金 1370 元、医疗保险 72.46 元、失业保险 72.46，余 8833.08 元。专项附加扣除：子女教育 500 元，赡养父母 1000 元，住房贷款 500 元。需缴税 55 元。 5. 编写程序，用 EXCEL 编写。		

活动过程	
活动结果（解决问题、结论、提出问题）	1. 对个人所得税政策有了比较全面的认识，并对同学及家长进行了普及宣传。 2. 初步了解了本地的工薪族的收入状况和五险一金的缴纳情况。 3. 能计算出个人需缴纳的税。 4. 编写程序，能达到输入信息得出需缴纳的税的目的。 5. 存在问题：算出的是一个月的税，但实际是要按全年收入计算，最后还需重新核算。 6. 我们的纳税能否按每个月实际收入进行？ 7. 一般打工者怎么纳税？
经验总结	1. 充分利用好网络资源，查阅资料，扩展知识。 2. 实际去调查，才能掌握真实的数据。
反思	编写的程序不成熟，用的是办公软件，界面不够人性化。

5. 活动的结题

学生提交研究报告表后，指导教师先审阅研究报告表，与小组负责人沟通，然后确定结题时间。结题形式可以是提交结题申请和结题报告 PPT。结题参加人员是同班同学，外请了学校财务室的工作人员。结题过程中，学生提出验证程序计算是否准确，学生报出收入，扣除五险一金和专项附加扣除项目后，计算出需缴纳的个人所得税。学生当场验证，结果发现计算有误，课题组成员讨论后，发现学生上报的收入过高，程序中只做了两个层次的收税标准。课题组成员专门介绍了程序里面的函数，并与教材所学的分段函数结合起来。

6. 评价

（1）结题报告后，学生对自己的活动进行自我评价，认为此次活动比较具有现实意义，提出的问题与现实生活息息相关，在活动过程中了解了我们国家的个人所得税新政策，还通过调查了解了本地的收入情况。在活动开展过程中，学会了利用网络查阅资料，会通过不同的资源去调查收集数据，特别是得到家长和老师的帮助。小组内合作愉快，并在活动中能发现问题和提出问题。存在不足的是计算机软件使用能力欠缺，所编的程序还相当不成熟，今后还要继续修改，争取有比较人性化的界面。

（2）其他同学评价：通过此次活动，我们也比较全面地了解到国家的个人所得税的新政策，小组调查的数据也使我们初步了解了本地的收入情况。从活动开发的程序中，我们也试计算了家长所缴纳的个人所得税，计算得出的结果还是与实际有出入。

（3）教师评价：本次活动的开展具有较实际的意义，同学们能从生活中发现问题，提出问题来研究，而且转化成数学问题进行研究，这是非常值得大家学习的。在研究过程中，同学们还通过调查了解了家长和部分教师的收入情况，收集了本地的工薪族的收入数据，但在数据统计中还存在不合理的地方，如调查的行业比较单一，调查的数据量小。当然，工资收入的调查也不好做。计算个人所得税还是比较复杂的，每个人缴纳的五险一金比例不一样，而且收入中又分各种不同收入，有些是可以免税的。目前扣的税是按前一年的工资来计算的，一年后，再根据实际情况进行增或补。因此，会出现同学们用家长的收入去计算，出现偏差的现象。

（4）财务人员评价：第一次参加同学们的活动，感受到同学们的聪明，能应用所学的知识解决实际问题，很赞。同学们对国家个人所得税的政策了解得比较全面，对于工薪族收入了解比较单一的，利用这个程序还是可以计算的，但每个单位的收入划分不同，有些部分是可以免税的。所以研究最终还是要与实际相结合。

活动评价见表15。

表15 高中数学活动评价表

高一年级（1）班　　　　　　　时间 2019 年 1 月 20 日

课题：个人所得税的缴纳计算

小组："开心麻花"组全体成员

评价内容	评价标准	自我评价	学生评价	教师评价
选题	选题是否自主	是	—	—
	选题的合理性	A	A	A
	选题的创新性	A	A	A
方案	方案的合理性	A	A	A
	方案的创新性	A	B	B
参与和合作	成员的参与程度	A	A	A
	成员的合作态度	A	A	A
发现问题、提出问题	能按方案研究问题	A	A	A
	善于思考，能发现问题、提出问题	A	A	A
	能解决提出的问题	A	A	B

续 表

评价内容	评价标准	自我评价	学生评价	教师评价
表达能力、 交流能力	使用数学语言准确性	B	B	B
	表达观点准确性	B	B	B
	交流能力	A	A	A
收获	本课题的收获	A	A	A
	能力的提升	A	A	A
态度	成员的参与态度	A	A	A
自我评价	1. 此次活动比较具有现实意义，提出的问题与现实生活息息相关，了解了我们国家的个人所得税新政策，还通过调查了解了本地的收入情况。 2. 学会利用网络查阅资料，学会通过调查收集数据。 3. 小组内合作愉快，并在活动中能发现问题和提出问题。 4. 存在不足的是计算机软件使用能力欠缺，所编的程序还相当不成熟。			
学生评价	1. 通过此次活动，我们也比较全面地了解了国家的个人所得税的新政策，也使我们初步了解了本地的收入情况。 2. 欣赏开展活动的同学的探索精神和合作精神。 3. 疑问：从活动开发的程序中，我们也试计算了家长所缴纳的个人所得税，计算得出的结果还是与实际有出入。			
教师评价	1. 本次活动的开展具有较实际的意义，同学们能从生活中发现问题，提出问题并进行研究，而且转化成数学问题进行研究，这是非常值得大家学习的。 2. 在研究过程中，同学们还通过调查，收集了本地的工薪族的收入的数据，但在数据统计中还存在不合理的地方，如调查的行业比较单一，调查的数据量小。 3. 提出的问题是：如何更科学地调查本地工薪族的收入状况？ 4. 计算个人所得税还是比较复杂的，每个人缴纳的五险一金比例不一样，而且收入中又分各种不同收入，有些是可以免税的。目前扣的税是按前一年的工资来计算的，一年后，再根据实际情况进行增或补。因此，会出现同学们用家长的收入去计算，出现偏差的现象。			

（注：评价分 A，B，C，D 四个等级，A 表示"非常好"，B 表示"好"，C 表示"中等"，D 表示"一般"。）

三、活动反思

活动结束后需要多方面进行反思，从中总结经验，为以后的活动开展提供帮助。

1. 教师的反思

建模活动的开展，问题是学生自己提出的，团队也是学生自己组建的，调查的数据和程序也是学生自主完成的，学生解决问题的能力比较强，能根据实际情况去发现问题并解决问题。最后提出的问题也是比较有意义的。

存在的问题是：调查收入情况存在片面性，涉及的人群、行业单一，编写的程序还有待改进。

2. 学生的反思

通过此次研究活动，我们从实际问题入手研究，把问题数学模型化，初次尝试进行了数学建模。在研究过程中我们了解到平时课本中没有学到的知识，如税收政策（连父母都不太清楚），我们也向父母和同学们普及了这方面的知识。在调查收入的数据时，我们发现这是个敏感话题，所以我们调查的人群非常有限。但从收入状况看，我们本地的收入还是不高，我们也第一次真正了解了父母的收入，理解了父母维持一家的开支很不容易。在编写程序方面，我们选用了比较熟悉的 EXCEL，也请教了信息科的老师。

存在的问题是：对困难估计不足，起初认为只要知道收入，对照政策，就容易计算出纳税金额，但实际却并没有那么简单，每个单位每个地方都不一样。这让我们意识到数学模型与实际还是有距离的。在结题时同学们在验证中也出了问题，我们只估计了本地收入的范围，没有考虑到更高收入的情况。

案例三：统计问题——独立性检验

一、课题背景

选修 2《独立性检验》这一章节的教学参考了《普通高中数学课程标准 (2017 年版)》相关建议："学生将在必修课程学习统计的基础上，通过对典型案例的讨论，了解和使用一些常用的统计方法，进一步体会运用统计方法解决实际问题的基本思想，认识统计方法在决策中的作用。""统计案例的教学中，应鼓励学生经历数据处理的过程，培养他们对数据的直观感觉，认识统计方法的特点，体会统计方法应用的广泛性。应尽量给学生提供一定的实践活动机会，可结合数学建模的活动，选择一个案例，要求学生亲自实践，避免学生单纯记忆和机械套用公式进行计算。"因此，在学生理解"独立性检验"的基本原理和方法之后，尝试引导和组织学生进行调查统计实践活动。

二、开展流程

1. 具体操作

（1）分组：将班上 55 名学生分成 9 个小组，基本上 6 人一个小组，每个小组设立一个组长，负责本小组的任务明确、协调分工等工作。

（2）确定主题：每个小组自己讨论确定出一个调查两个事件"相关性"的主题。

（3）调查前期准备：小组自行讨论调查问卷的设计、调查对象和方法的确定，教师适当参与讨论，如看看其调查方法的合理性、操作的难易度，等等，并设计活动方案。

（4）数据收集：小组各自进行调查，成员分工合作，收集数据。

（5）数据分析：每个小组根据自己调查得到的真实数据，借助数学软件、计算器等工具，用数学方法进行统计分析，如平均数与方差、直方图、分布图、二联表等。

（6）结论展示：每个小组根据自己的分析，得出最终结论，并在课堂上进行展示、交流。

2. 活动过程

此次实践活动，前后一个星期，学生积极性非常高，效果反馈也非常好。从主题确立，到问卷设计，再到调查统计，学生都是热烈讨论，充分发挥自主能动性，积极向其他班同学发问卷、做调查。在展示交流的环节中，每一个小组都做好了调查分析和实践报告，让人耳目一新。

在确立活动课题的时候，小组成员先在课外一起商讨决定，然后再用一节课的时间，在课堂上，讨论具体的实施细则。这时候，教师走下去，对每个小组进行适当的询问，并和他们一起适度讨论方案的可行性和合理性。比如，有一个小组刚开始提出的课题是"男女学生与是否喜欢玩（网络）游戏"之间的独立性，但是经过讨论后发现这个课题并不太合理：首先在学校里，玩网络游戏是禁止的，大多数敢玩的、喜欢玩的肯定都是男生，没有多大的调查意义；其次"喜欢玩游戏"也是一个抽象、模糊的概念，有一个概念的问题——"喜欢玩"但不一定就"真的经常玩"，还有一个程度的问题——"怎样才叫作喜欢"，这都不够明确，给具体调查和分析带来了很大难度。再如一个小组，他们的课题是"男女学生与数学学习好坏的关系"，课题有意义，也是针对自理科学生中男生多女生少的现象，但是要如何入手分析，哪些数据作为参考才准确，怎样分析数据才合理，"数学学习好坏"的评判标准，等等，都是值得商榷的，这时候教师在旁就要把这些疑惑点告知学生，结果他们经过进一步商讨，计划分别从文理科中，各选三个班作为调查对象，综合三次月考成绩作为参考，并考虑到各次考试的难易度区别，故而每次考试划分五个等级，分别从优到差计为 5 分、4 分、3 分、2 分、1 分，再综合三次取平均，最后以平均分 2.5 分为界，高于 2.5 分的为"好"，低于的为"不好"。这样一个交流讨论的过程，我们认为令人惊叹的是，其中让学生具体运用了各种数据处理的方法，深刻感受了数据处理的科学性，并自我创造了"等级分""标准分"等新概念，这些都不是课本或课堂上可以简单地就教会的！

在具体的调查过程中，学生也是各显神通，各出奇招，不断解决问题。其中一个"美少女战队"小组，她们通过讨论，确定调查的课题是"课余时间体育锻炼频数与男女生性别之间是否相关"，她们觉得男生或许更喜欢参加体育运动。然后她们为了更有利于简单方便地进行调查，"创造性"地自己设计出了一张调查表格。表格中，序号（为了方便统计调查人数）后，首先前两列是性别（为了区分男女），接着把运动频率分为五种情况："每天""一周 3 次到 6 次""每周运动 1 次到 2 次""两周 2 次到 3 次""基本不运动"。这样的设计确实正如学生们所说，被问到的同学基本不用迟疑，答案非常明晰，勾选起来方便。最后，她们设定前面两类学生为"经常运动"，后面的为"很少运动"。具体问卷如图 1 所示。

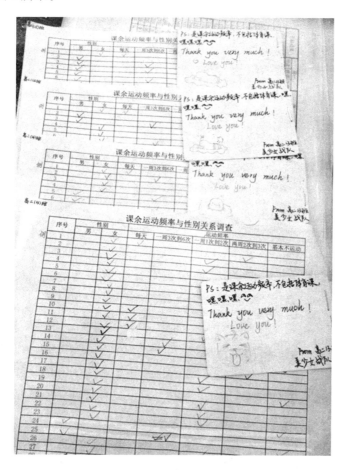

图 1 "美少女战队"的调查表

另外，在展示环节，她们小组也绘声绘色地描述了她们在各班做调查时的情景：如何让同学们较积极地配合，如何面对一些刁难问题，等等。小组所写的数据分析报告也很工整，用表格、直方图很清晰很直观地体现了调查得到的数据，最后由独立性检验卡方差计算，得出结论："在数据错误率不超过 0.05 的概率下可以认为课外运动频数与性别有关"。

调查报告如图 2 所示。

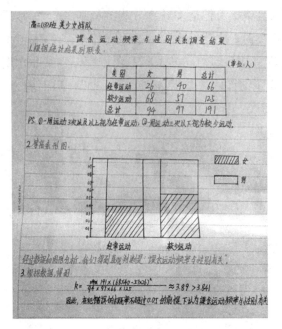

图 2 "美少女战队"的调查报告

再如,有另外两个小组分别做了"数学成绩与男女性别的相关性""男女生与出行方式的相关性"调查,报告分别如图 3、图 4 所示。

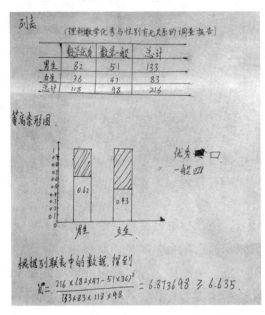

图 3 "数学成绩与男女性别的相关性"的调查报告

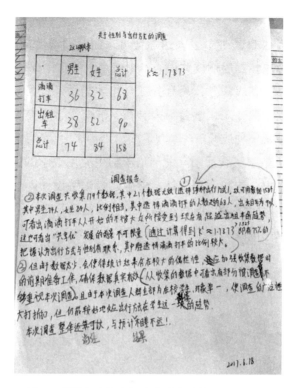

图4 "男女生与出行方式的相关性"调查报告

三、活动反思

本次实践活动，一改之前传统的听教师讲解原理，然后做做练习就算学完了"独立性检验"这一节的做法，而是让学生亲身体验从自己提出问题——发现两件事情的相关性，到设计方案、调查统计、处理和分析数据，最后得出结论，让学生从中真真切切地感受统计的作用，并在不断遇到新问题时寻求更合理的解决办法，富有创造性地提出很多新的方法和概念。

反思这次活动，对比以前做法，笔者认为，类似的数学实践活动确实非常有益，甚至非常有必要。具体说来，这次统计调查实践活动具有以下几个方面的意义：

（1）从本次活动中可以看到，学生参与的积极性非常强，每一位学生都能开动脑筋去思考、讨论方案的合理性，其实这就是真切认识分层抽样、求平均数、画直方图、算卡方差等知识和方法，感受调查统计方法的科学性。虽然说花了一些时间，但这样的体验比做枯燥的习题要有趣、生动得多。以解决问题为导向，深化对数学相关概念的理解和思维，最终达到学得明白，学得深刻的目的。

（2）一起活动，自是少不了表达与交流，在共同朝着问题解决的方向上，各抒己见，碰撞思想，然后达成共识，本来就是一种非常有效的学习。

同时，为了高效完成任务，只有分工合作才能做好。因此，在活动的过程中，小组成员必须学会分工，学会与人合作，锻炼了学生交流表达、团结协作的能力。这何尝不是一种成长。

（3）适当开展数学实践活动有助于培养学生应用数学的能力，使学生树立运用数学思维的意识。这次调查统计，学生亲自动手设计问卷、收集和整理数据、分析数据，学以致用。相信通过这样的实践活动，学生会慢慢感受到数学在现实生活中的应用价值，体会到数学思想的深刻性。

案例四：测量问题

一、活动背景

为了让学生体验数学建模活动的完整过程，提升学生综合运用知识的能力，增强应用意识，围绕"数学核心素养"的培养，利用学生已学的解三角形和立体几何知识采用不同的方法，将生活中一些物体高度无法直接测量的实际问题转化成数学问题。

此次实践活动可参阅《普通高中数学课程标准（2017 年版）》，在《附录 2 教学案例与评价案例》中，我们可以很具体地看到其中有"案例 15：测量学校内、外建筑物的高度"和"案例 19：测量学校内、外建筑物的高度项目的过程性评价"，其中较为详细地给出了关于组织和评价的建议。

时间安排和测量对象：这次实践活动安排在高三第一学期，此时学生知识库中已包含"解三角形"和"立体几何"等相关知识，这样学生思考设计方案时就有足够的知识储备。为体现测量方法和难度或思路的差异，我们选定了校园内可近距离测量的"叶帅铜像"和学校外山坡上远不可及的"千佛塔"，作为测量高度的对象。

二、开展流程

（1）问题提出：大家在测量"叶帅铜像"的时候，不能触碰对象，测量"千佛塔"的时候，只能在操场范围内走动，所使用的工具只能是皮尺（50m）、量角器、圆规、硬纸板，还有生活中的一般道具等，没有高科技的电子测量仪器。（想象一下，如果是在古代，没有这样先进的科学技术人们是怎样测出它们的高度的呢？）请设计出能较精确地测量它们高度的方案。

（2）选题阶段：把班里 55 位同学，分成 9 个小组，每个学习小组自由选择，根据自身能力，按照自己的兴趣，选定其中一个建筑物作为测量目标。自由选择更有利于调动学生自主参与的积极性。

选择情况是：有 5 个小组选择了测量"叶帅铜像"，另外的 4 个小组选择"千佛塔"作为测量对象。正好有利于场所安排，测量时不会太拥挤。

（3）开题阶段：让学生利用课外时间去测量现场考察，同时发相关的工具给学生，让学生充分体验工具的特点，从而更熟练地使用工具，同时思考更精确的使用办法。

然后，用一节课的时间，让小组内进行交流、讨论，认真商量，确定测量办法和设计方案，最终各自形成开题报告表。

在设计测量方案这一环节，学生刚开始觉得没什么思路，而且测量的工具也很简陋（注：其实主要是学生在知识应用方面锻炼太少，总是显得信心不足，没有经验，或者一下子把问题想得太过复杂，从而不能抓住问题的关键），但是半节课以后，学生都基本上能找到一些方法了，或许有些还太过简单，不够严谨，比如，有的小组提出的方案是利用太阳光的投影，结合相似的知识，一下子就能得到结果了；有的小组提出一位同学慢慢向另一位同学走位，当蹲着的观察者看到走位的同学刚好遮挡住铜像时，利用相似三角形，也一下子得出结果了……

看到同学们从一开始的不知所措，到有了方法，但大多都还比较简易，于是教师就鼓励同学们能否设计出其他更"高级"的、能结合我们学过的知识的一些方案来。再通过半节课的讨论，各个小组积极思考，最终也设计出来了一些更严谨的方案。

这个时候，教师适当地参与聆听，对于学生的测量办法和方案有了比较深入的理解，并对学生的方法进行了适当的提示。比如，有的小组，

图 5　学生在研究如何测量仰角的方法

在测量仰角的时候，想直接用手拿尺子或笔和棍子之类的方法，显然是非常不合理的，不可取；还有小组的方案中，需要测量的量（长度或角度）比较多，教师可以提醒他们，测量时容易产生误差，量越多，误差会越大，所以要尽量追求测量的量少一点；等等。图 7 为学生研究测量仰角的方法。

为规范学生的实践报告，我们统一制作了"测量活动开题报告表"，并在此，选两个小组的开题方案展示（见表 16、表 17）。

表16　测量活动开题报告表

小组名称：锐意进取组

成员与分工	
姓名	分工
刘××	小组组长，统筹安排测量工作，协调测量进程
李××	用皮尺测量长度、观察角度值
李××	拿好量角器，并调整角度
陈××	仰视铜像，定好角度
张××	记录数据
黄××	计算，并整理结果

测量对象："叶帅铜像"的高度

测量方法（请说明测量的原理、测量工具、创新点等）

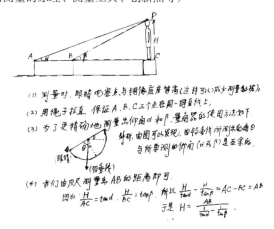

（1）测量时，眼睛地察点与铜像底座等高（这样可以减少测量误差）。

（2）用绳子拉直，保证A、B、C三个点在同一同直线上。

（3）为了更精确地测量出仰角α和β，量角器的使用方法如下：

分析，由图可以发现，由铅垂线所测出的角θ与所要测的仰角（α及β）是互余的。

眼睛

（铅垂线）

（4）我们由皮尺测量出AB的距离即可。

因为 $\frac{H}{AC}=\tan\alpha$，$\frac{H}{BC}=\tan\beta$，所以 $\frac{H}{\tan\alpha}-\frac{H}{\tan\beta}=AC-BC=AB$

于是 $H=\frac{AB}{\frac{1}{\tan\alpha}-\frac{1}{\tan\beta}}$

老师意见及建议：

设计方案合理，推导正确，符合不靠近、不触碰测量对象的要求；测量方法有创新，很好，有利于得到更准确的结果；小组组织安排合理，分工明确。

有一点需要提醒的是，在不靠近铜像底座的情况下，如何保证测量点A、B、C在同一水平面上。

指导老师签字：刘迪生

表 17 测量活动开题报告表

小组名称：天天向上组

成员与分工	
姓名	分工
周××	统筹安排，根据方案，协调测量进程
刘××	用皮尺测量长度、观察角度值
陈××	转动量角器，调整角度
陈××	仰视千佛塔，测好在点 A、B 处塔顶部和塔底部的仰角
何××	走位观察，定测量路线，保证 $\angle OAB$ 为直角
廖××	记录测量结果，计算相关长度

测量对象："千佛塔"的高度

测量方法（请说明测量的原理、测量工具、创新点等）

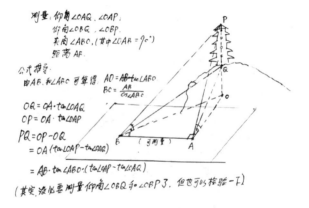

老师意见及建议：

设计方案合理，推导正确；能结合立体几何和解三角形的知识，测量方法创新；小组安排合理，分工明确具体；从设计中也可以看出，测量的量从刚开始的过多，后来有所减少，很好。

根据设计的测量方案，有两个问题需要注意：①在测量时，如何站点走位，可以保证 $\angle OAB$ 为直角；②因为测的"千佛塔"距离远，仰角的测量要更精准才行，应该想想如何做到。

指导老师签字：刘迪生

（4）测量实施阶段：利用课外活动时间，各小组依照自己的设计方案，到"叶帅铜像"旁或到操场测量所需要的相关数据。这个时候，学生们热情高涨。

图6　学生们在叶帅铜像前测量

但是学生在具体操作的时候，遇到很多实际操作困难，如测量时仰角误差大，视线角度不理想。当时有几个小组因为测量方案太简单，所用道具太直接，得到的数据不准确。

（5）成果整理展示和评价阶段：在测量活动之后的第二天，为了让学生展示自己的计算结果，利用课堂的时间，每个小组轮流上台做"测量实践活动报告"，接着学生自我点评，谈谈活动感受，然后其他学生发言点评，最后老师评价。

下面就以其中一个小组的展示和评价环节为例进行说明。

为方便学生报告，统一规范制作了一张"测量活动展示报告表"（见表18），学生按照报告表进行报告展示。

表 18　测量活动展示报告表

小组名称：无问东西组

成员	（略）
测量对象	"千佛塔"的高度
我们的方案	测量①观察点 A、B 之间的距离 L； ② 在 A 点处，仰视千佛塔塔顶时仰角 α； ③ 在 B 点处，仰视千佛塔塔顶和塔底部的仰角分别记为 β 和 γ。 公式推导：由正弦定理有 $\dfrac{DB}{\sin\alpha}=\dfrac{L}{\sin\angle ADB}$，而 $\angle ADB=\beta-\alpha$。 所以 $DB=\dfrac{L\cdot\sin\alpha}{\sin(\beta-\alpha)}$。 又有 $OD=DB\cdot\sin\beta$，$OB=DB\cdot\cos\beta$，$OC=OB\cdot\tan\gamma$ 得到 $OD=\dfrac{L\cdot\sin\alpha\cdot\sin\beta}{\sin(\beta-\alpha)}$ $OC=\dfrac{L\cdot\sin\alpha\cdot\cos\beta\cdot\tan\gamma}{\sin(\beta-\alpha)}$ 于是 塔高 $CD=OD-OC=\dfrac{L\sin\alpha\cdot(\sin\beta-\cos\beta\cdot\tan\gamma)}{\sin(\beta-\alpha)}$。
我们测量的数据和计算的结果	测量情况： 通过以上三角计算 计算得 $\sin10°\approx0.174$　$\sin16°\approx0.276$ $\cos16°\approx0.961$　$\tan6°\approx0.105$　$\sin6°\approx0.104$ 于是得到：塔高 $CD=\dfrac{50\times\sin10°\times(\sin16°-\cos16°\cdot\tan6°)}{\sin(16°-10°)}$ $=\dfrac{50\times0.174\times(0.276-0.961\times0.105)}{0.104}$ $=14.64\,(m)$

活动照片	 学生在操场上测量"千佛塔"的高度
对结果的 评价与分析	通过百度查找,"千佛塔"高 36m,与我们计算的结果 14.65m 偏差有点大,我们认为其中主要原因是,"千佛塔"本身并不太高,而我们操场测量的距离太远,仰角太小,造成误差。

对此次活动 的自我评价	自我评价	好	一般	不好
	合作精神、分工情况	✓		
	方案的可行性		✓	
	测量的精确度			✓
	方案的创新性		✓	
	结果的接近度			✓

此次活动的 收获和感受	1. 把学过的知识运用到实际生活中来,感觉很有意义,能在实践中去理解和深化知识。 2. 应用与理论还是有很大差别的,实际应用中很多问题是具体的,没有那么理想化,在实践中会不断激发我们去思考更精确的测量办法,这或许就是创新的动力。 3. 在此次活动中,我们小组在设计方案时争论得很激烈,但最终达成了一致方案,并分工合作,愉快地完成了任务。相互交流、相互合作的能力还是非常重要的,要虚心一点,要懂得接受他人的意见。

接着，学生互评环节，学生自由站起来点评所展示小组的活动情况：

学生甲：我认为"无问西东组"的方案挺好的，他们在测量过程中很团结，分工很好，就是确实距离太远，不好测，误差太大。

学生乙：在测量仰角的时候，应该想办法测量更小心，更精准一些。

学生丙：我觉得"无问西东"组对活动的总结很到位，确实在实践中，我们需要不断去创造性地解决问题，例如，测量仰角的方法，我们"锐意进取"组就想到了一个更好的测量仰角的方法，还有我觉得"无问西东"小组的分工合作也是很好的。

最后，老师点评："无问西东"小组的同学们都表现得很积极很认真，从设计方案到测量计算，到最后的展示都做得很好，虽然结果误差大了些，但是分析得也很有道理，毕竟工具还是比较简陋的。不过，在现实面前，我们还是要去寻找更精准的测量方案，或许只是我们暂时没有找到。另外，小组成员之间能够沟通好、配合好，确实是很重要的。"无问西东"组从一开始的激烈争论到后面的相互配合，能够认识到交流和合作的重要性，就是很好的成长，值得表扬。

三、活动反思

实践是知识的用武之地，人们学了一个知识不去用它，就会很快遗忘，毫无用处。我们在平时的生活中经常会遇到各种数学问题，运用所学的知识去解决这些问题，不仅能加深理解和记忆所学的知识，还能提高自己解决实际问题的能力。数学交流、数学建模是培养学生数学核心素养的重要组成部分，发展学生的数学核心素养要让数学课堂真正"活"起来。

（1）这节课通过分组活动，交流研讨，学习测量铜像高度的两种常用方法，了解其中的数学原理——解三角形的有关知识，初步积累数学建模的经验。

（2）在实践活动中，学生进行制作、测算、绘图，动手动脑，亲身体验，尝试数学的实际应用，从而扩大了视野，拓宽了知识面，训练了技能。

（3）这种活动最大限度地发挥了学生的主观能动性，有利于学生更大胆地想象、思维、探索和求新，是课堂探究的延伸、发展，反过来，也促进了课堂探究活动的开展。

数学实验的目的是让学生经历知识产生、发展的过程，体验数学知识应用于实际的乐趣，学会探究和创新。过程重于结果，我们在评价学生时应多关注学生的操作过程。

（4）数学实践活动可以很好地锻炼和培养学生的合作交流能力。懂得与人沟通、与人合作是一种非常重要的品质，这些能力和品质或许在传统的"老师讲"的课堂上是比较没有机会体现的，但在数学活动中，学生有了充分表达的机会、碰撞的机会、交流的机会和合作的机会，就会慢慢培养出这些方面的意识和能力。

案例五：《"斐波那契数列"主题阅读与理解》

一、设计方案

《"斐波那契数列"主题阅读与理解》的设计方案见表 19。

表 19　《"斐波那契数列"主题阅读与理解》的设计方案

课题名称	"斐波那契数列"主题阅读与理解
活动类型	文献阅读
课题设计说明	1. 本课题内容来自必修五《数列》部分的"阅读与思考"。 2. 引导学生查询、阅读资料，培养学生查阅文献资料的能力。 3. 学生通过阅读数学文献可以了解数学发展史和数学文化。 4. 通过阅读文献资料促进学生对所学知识的应用与反思，加深学生对知识的理解与掌握，实现对课本知识的延伸和拓展。 5. 本课题研究适合数学基础较好、能力较强的学生。通过小组合作共同研究，提高学生的合作能力和研究能力。
时间安排	学习数列后，适合安排在课外时间，时间为三周
学生需具备的知识	1. 用高中数列递推关系求数列的通项的知识（教师指导、学生自学相结合）。 2. 查阅文献（学生自查）。 3. 理解文献资料。
提出问题	1. 什么是"斐波那契数列"？ 2. 查阅有关"斐波那契数列"的相关资料，选定一个角度去整理，并与同学们分享。 3. 说出"斐波那契数列"的一些性质。 4. 根据"斐波那契数列"的递推关系，写出前 10 项。 5. "斐波那契数列"的通项公式是如何推导得出的？

课题名称	"斐波那契数列"主题阅读与理解
预计达到 的目标	1. 参加活动的小组能根据提出的问题进行资料查阅。 2. 小组间能从不同角度去整理收集的资料，并互相分享。 3. 能初步掌握"斐波那契数列"的递推关系。 4. 能直观得出"斐波那契数列"的一些性质。 5. 能力强的学生能推导得出"斐波那契数列"的通项公式。 6. 活动结束后学生能撰写小论文。
活动建议	1. 先掌握由数列的递推关系推导出数列通项公式的方法，建议教师在上课时适当补充扩展这部分内容。 2. 活动内容可选其中一部分进行，可视学生的能力分不同小组分别进行。

二、开展流程

1. 确定小组成员，选定课题

教师提出课题后，由学生自由选择是否参加此课题，自由组成研究小组，人数 4~6 人，自己选定小组负责人，自命名小组名，组织小组讨论研究的具体内容，将讨论的结果上报年级。年级组织教师审议后，公布符合要求的小组名单。本课题还由教师组织特别小组，由数学兴趣班的学生组成。

2. 查阅文献，小组分享成果

一周时间，由各小组自行查阅资料，组织阅读，选择一个主题进行资料整理，然后举行成果分享会，各小组汇报情况。表 20、表 21 是部分小组的成果展示。

表 20 部分小组的成果示例

课题题目	"斐波那契数列"主题阅读与理解		
活动类型	文献阅读		
选题来源	自选课题 ■		老师提供 □
课题组长	张玲	指导老师	陈老师
课题成员	"兔子"组全体成员		
成果分享	1. "斐波那契数列"因数学家列昂纳多·斐波那契（Leonardoda Fibonacci）以兔子繁殖为例子而引入，故又称为"兔子数列"，这也是我们小组的名字的由来。 2. "斐波那契数列"与黄金分割的关系，是一个"美"的数列。 3. 自然界中的"斐波那契数列"如松果、凤梨、树叶的排列，某些花朵的花瓣数，植物的叶、枝、茎等排列，最常见的是向日葵的籽的分布。		
感悟	1. "斐波那契数列"虽然写出来是一串枯燥的数字，真正理解和研究后发现其实很美。 2. 大自然是一个数学家，如树木的生长，由于新生的枝条往往需要一段"休息"时间，供自身生长，而后才能萌发新枝，一棵树各个年份的枝丫数，便构成"斐波那契数列"。这个规律就是生物学上著名的"鲁德维格定律"。 3. 很多"美"与"黄金分割"有关。		
指导老师意见	1. 能发现数学之美，感悟真实。 2. 内容虽简单，但积极参与值得赞扬。 3. 建议全组学生选取一篇资料再认真阅读。		
备注			

表 21　部分小组的成果示例

课题题目	"斐波那契数列"主题阅读与理解		
活动类型	文献阅读		
选题来源	自选课题 ■　　　　老师提供 □		
课题组长	黄锐明	指导老师	陈老师
课题成员	"斐波那契"组全体成员		
成果分享	1. "斐波那契数列"是由实际问题中建模得出的数学问题，这是数学建模的思想。 2. 我们小组用计算机亲自计算了，随着数列项数的增加，前一项与后一项之比越来越逼近黄金分割的数值，如第 18 项与第 19 项的比值为 0.61701647，第 19 项与第 20 项的比值为 0.61842288，第 20 项与第 21 项的比值为 0.61788547。从这几组数据可以看出其越来越逼近黄金分割的数值 0.6180339887… 3. 从上述计算中我们也理解了什么叫"逼近"。		
感悟	1. 多观察周围的世界，在生活中发现数学问题，就像老师常说的"用数学的眼光看世界"。 2. 我们小组采用动手算的方式去理解"黄金分割"，用了最原始的方法计算，而不是直接查数据，方法虽然笨，但我们真正通过计算去感悟了数值的变化。		
指导老师意见	1. 通过自己动手计算去感悟和理解，这种做法值得大家学习。 2. 能感悟到生活中的数学。 3. 建议全组学生将计算的数据用表格的形式呈现出来。		
备注			

3. 查阅资料，归纳性质

在上一个内容结束后，再安排一周的时间，让有能力继续探究的学生进行性质的归纳。学生通过阅读文献资料，自己理解和总结，得出"斐波那契数列"的一些性质。教师组织学生进行汇报。表 22 为小组归纳的示例。

表 22　小组归纳性质示例

课题题目	"斐波那契数列"主题阅读与理解——性质		
活动类型	文献阅读		
选题来源	自选课题 ■		老师提供 □
课题组长	黄锐明	指导老师	陈老师
课题成员	"斐波那契"组全体成员		
成果分享	1. "斐波那契数列"从第三项起，每一项都是前两项之和，用递推关系来表示：$a_{n+2} = a_{n+1} + a_n, n \in \mathbf{N}^*$。 2. 随着数列项数的增加，前一项与后一项之比越来越逼近黄金分割的数值。 3. "斐波那契数列"在杨辉三角中体现，杨辉三角的内容我们以后会学习到。		
提出问题	1. 虽然我们查到"斐波那契数列"的通项公式，但还是想在下一阶段真正理解并能自己推导得到。 2. 有一段楼梯有 10 级台阶，规定每一步只能跨一级或两级，要登上第 10 级台阶有几种不同的走法？这个问题与"斐波那契数列"的关系。 3. "斐波那契数列"的性质还有很多，目前我们小组还无法理解其中的奥妙。		
指导老师意见	1. 能自己提出问题，并尝试去解决，这是一个良好的开端。 2. 能找到与"斐波那契数列"相同的现实问题，非常好。 3. 建议将"斐波那契数列"的通项公式推导过程写出来与大家分享。		
备注			

4. 推导通项公式

到推导通项公式环节，只剩下为数不多的学生能继续下去。教师先将这部分学生集中起来，先进行必要的知识补充，将数学中用递推关系推导数列的通项公式的方法进行归纳总结。然后让学生自主推导"斐波那契数列"的通项公式，教师只做必要的引导。

下面是学生最后写的研究报告示例。

"斐波那契数列"的通项公式推导

在推导"斐波那契数列"的通项公式之前，我们先学习和掌握了利用数列递推关系推导数列通项公式的方法。

首先，我们先从课本所讲的最基础的内容出发，写出两个递推关系：

① $a_{n+1} - a_n = d, d$ 为常数, $n \in \mathbf{N}^*$，② $a_{n+1} = q a_n, q$ 为常数, $n \in \mathbf{N}^*$，$a_n \neq 0$。

这两个递推关系分别是等差数列和等比数列，这个是我们课本上学到的，大家都知道用叠加法和累乘法进行推导。

然后，将第①个递推关系进行变式：③ $a_{n+1} - a_n = f(n), n \in \mathbf{N}^*$，与①的关系是常数变为变量，此时数列不再是等差数列，但我们可以采用等差数列推导通项的方法进行推导，这种方法老师在上课时有补充，在平时的练习册上也出现过。

如例题1：已知 $a_1 = 1, a_{n+1} - a_n = 2n, n \in \mathbf{N}^*$，求数列 $\{a_n\}$ 的通项公式。

目前我们在题目中常见的 $f(n)$ 通常是一次函数形式或指数形式，对应的是等差数列或等比数列。我们给这种递推关系的数列取一个名字"差后成等差（或）等比数列"。

同理，第②个递推关系也可以变式：④ $a_{n+1} = f(n) a_n, n \in \mathbf{N}^*$，$a_n \neq 0$，这里我们也举一个常见的例子：

例题2：已知 $a_1 = 1, \dfrac{a_{n+1}}{a_n} = \dfrac{n+1}{n}, n \in \mathbf{N}^*$，求数列 $\{a_n\}$ 的通项公式。

接下来我们再结合两个形式进行变式：⑤ $p a_{n+1} - q a_n = f(n), n \in \mathbf{N}^*$，$p \neq q$。

常见的例题有：

例题3：已知 $a_1 = 1, a_{n+1} - 2a_n = 1, n \in \mathbf{N}^*$，求数列 $\{a_n\}$ 的通项公式。

例题4：已知 $a_1 = 1, a_{n+1} - 2a_n = 3^n, n \in \mathbf{N}^*$，求数列 $\{a_n\}$ 的通项公式。

例题5：已知 $a_1 = 1, a_{n+1} - 2a_n = 2^n, n \in \mathbf{N}^*$，求数列 $\{a_n\}$ 的通项公式。

上述三个例题可通过构造等差或等比数列来推导，也可以全部转化为 $a_{n+1} - a_n = f(n), n \in \mathbf{N}^*$ 的形式，即两边同除以 2^n。

以上是数列递推关系中前后项的递推关系。

下面是我们推导"斐波那契数列"的通项公式的过程：

已知 $a_1 = 1, a_2 = 1, a_{n+2} = a_{n+1} + a_n, n \in \mathbf{N}^*$，求数列 $\{a_n\}$ 的通项公式。

解：构造 $a_{n+2} - q a_{n+1} = p(a_{n+1} - q a_n)$

即 $a_{n+2} = (p + q) a_{n+1} - pq a_n$

即 $\begin{cases} p + q = 1 \\ -pq = 1 \end{cases}$ ，解得 $\begin{cases} p = \dfrac{1+\sqrt{5}}{2} \\ q = \dfrac{1-\sqrt{5}}{2} \end{cases}$ 或 $\begin{cases} p = \dfrac{1-\sqrt{5}}{2} \\ q = \dfrac{1+\sqrt{5}}{2} \end{cases}$

下面我们取一组数据来推导

$$a_{n+2} - \frac{1-\sqrt{5}}{2}a_{n+1} = \frac{1+\sqrt{5}}{2}\left(a_{n+1} - \frac{1-\sqrt{5}}{2}a_n\right) \qquad ①$$

即数列 $\left\{a_{n+1} - \dfrac{1-\sqrt{5}}{2}a_n\right\}$ 是一个等比数列，首项是 $a_2 - \dfrac{1-\sqrt{5}}{2}a_1 = \dfrac{1+\sqrt{5}}{2}$ ，公比是 $\dfrac{1+\sqrt{5}}{2}$

得 $a_{n+1} - \dfrac{1-\sqrt{5}}{2}a_n = \left(\dfrac{1+\sqrt{5}}{2}\right)^n$ \qquad ②

等式两边同除以 $\left(\dfrac{1-\sqrt{5}}{2}\right)^{n+1}$ ，得

$$\frac{a_{n+1}}{\left(\dfrac{1-\sqrt{5}}{2}\right)^{n+1}} - \frac{a_n}{\left(\dfrac{1-\sqrt{5}}{2}\right)^{n}} = \frac{\left(\dfrac{1+\sqrt{5}}{2}\right)^n}{\left(\dfrac{1-\sqrt{5}}{2}\right)^{n+1}} = \frac{2}{1-\sqrt{5}}\left(\frac{1+\sqrt{5}}{1-\sqrt{5}}\right)^n$$

按变式③的推导方法，得 $a_n = \dfrac{1}{\sqrt{5}}\left[\left(\dfrac{1+\sqrt{5}}{2}\right)^n - \left(\dfrac{1-\sqrt{5}}{2}\right)^n\right]$

同理，当 $\begin{cases} p = \dfrac{1-\sqrt{5}}{2} \\ q = \dfrac{1+\sqrt{5}}{2} \end{cases}$ 时，也得到 $a_n = \dfrac{1}{\sqrt{5}}\left[\left(\dfrac{1+\sqrt{5}}{2}\right)^n - \left(\dfrac{1-\sqrt{5}}{2}\right)^n\right]$

"斐波那契数列"是一个自然数的数列，通项公式却是用无理数来表达的。而且 $\dfrac{\sqrt{5}-1}{2}$ 就是一个黄金分割值。

我们小组将推导过程反复运算了好多遍，带有无理数而且是指数运算很容易出错。我们把推导过程给老师看了后，老师引导我们思考 p 与 q 的关系，在处理到②式后，不接着推导，而是再把另一组 p 与 q 代入，得到 $a_{n+1} - \dfrac{1+\sqrt{5}}{2}a_n = \left(\dfrac{1-\sqrt{5}}{2}\right)^n$ ，再利用解方程的思想，两式相减，解出 $a_n = $

$\dfrac{1}{\sqrt{5}}\left[\left(\dfrac{1+\sqrt{5}}{2}\right)^{n}-\left(\dfrac{1-\sqrt{5}}{2}\right)^{n}\right]$。这样解决就快捷多了。

以上是我们小组推导得到的"斐波那契数列"的通项公式，经检验成立。我们也从网上查到其他的方法，但我们认为这一种方法目前是大家能理解和接受的，我们也总结了解题的思想，把三项的关系转化为两项间的关系，划归到我们学过的递推关系从而解决问题。这次挑战，虽然我们花了不少时间在运算，但还是通过努力解决了问题，这比直接从网上得到答案来得艰难，但学会了解决问题的方法，也锻炼了我们的运算能力。

5. 评价

本次活动分 A、B、C 三个层次分别评价，即按学生参与的级别分别评价，A 层次是查阅资料，B 层次是知道性质，C 层次是推导通项公式。

以下是其中一个小组的评价示例（见表23）

表23 高中数学活动评价表

高一年级　课题："斐波那契数列"主题阅读与理解　小组："斐波那契"组

评价内容	评价标准	自我评价	学生评价	教师评价
选题	选题是否自主	否	—	—
	选题的合理性	A	A	A
	选题的创新性	A	A	A
阅读与理解	选择的文献	A	A	A
	理解程度	A	A	B
参与和合作	成员的参与程度	A	A	A
	成员的合作态度	A	A	A
发现问题、提出问题	能积极探究问题	A	A	A
	善于思考，能发现问题、提出问题	B	B	B
	能解决提出的问题	A	A	A
表达能力、交流能力	使用数学语言的准确性	A	A	A
	表达观点的准确性	A	B	B
	交流能力	A	A	A
收获	本课题的收获	A	A	A
	能力的提升	A	A	A

续 表

评价内容	评价标准	自我评价	学生评价	教师评价
态度	成员的参与态度	A	A	A
自我评价	选择挑战三个层次，小组内成员分工合作，组内能协调各项工作。通过活动，对"斐波那契数列"有了更深入的了解，提高了通过递推关系求通项公式的推导能力。			
学生评价	1. 佩服他们的钻研精神，看他们的草稿纸就知道他们下了不少功夫。 2. 欣赏他们的小组合作，每个成员都很尽力去解决问题。 3. 所取得的成果给大家提供了学习材料。			
教师评价	1. 既能利用网络查阅资料，又能自己动手去解决问题。 2. 挑战成功，精神可嘉。 3. 查阅文献资料，并做好笔记。			

（注：评价分 A，B，C，D 四个等级，A 表示"非常好"，B 表示"好"，C 表示"中等"，D 表示"一般"。）

三、活动反思

此次课题活动历时一个半月，有两个组学生坚持到最后，基本达到了教师的预期目标。特别是剩下两个组的学生坚持不懈地把数列通项公式推导出来，精神可嘉。在活动过程中有几点是值得我们思考和改进的：

（1）大部分学生通过网络查阅资料，但很多只是看了提纲，没有认真阅读，有数量没有质量。

（2）学生在阅读文献资料的方法上有待改进，以后会开展有关的讲座，以提高学生的阅读能力。

（3）学生在阅读过程中没有养成做笔记和整理的习惯。

（4）在活动过程中很多小组没有将一些图片资料及时保存，导致分享时形式单一。

（5）有些学生本来具备推导能力，但有畏难情绪，早早止步，应付了事。希望同学们能养成积极钻研的精神。

5

　　数学活动的主体是学生，学生自主参与，教师作为活动的引导者，帮助和促进学生开展活动。本章数学活动的方案设计只是为教师提供一些参考，而不是将设计好的方案直接提供给学生，使活动变成"教师设计，学生执行"的模式，违背数学活动开展的初衷。

　　教师要对整个高中阶段的学习中哪些内容适合进行数学活动，选取哪种活动形式，做一个整体规划。教师还要针对学生的实际情况，设计切合学情的活动方案。学生选题时也要注意课题的合理性。本章将提供一些活动的设计方案，供大家参考。

正方体截面的研究

一、课题名称

正方体截面的研究。

二、课题设计说明

1. 正方体截面的研究涉及立体几何中点、线、面的关系，是对立体几何知识的综合应用，有助于提高学生空间想象能力、逻辑推理能力。

2. 让学生通过实践活动去探究截面的形状，引导学生思考问题，动手动脑，理论联系实际。

3. 通过研究促进学生对所学知识的应用与反思，加深学生对知识的理解与掌握，实现对课本知识的延伸。

4. 正方体截面的研究适合各层次的学生。通过小组合作共同研究，提高学生的合作能力和研究能力。

三、活动形式

数学实验。

四、时间安排

学习立体几何相关知识后，适合安排在课外时间。

五、学生需具备的知识和能力

1. 高中立体几何所要求的知识。

2. 计算机相关软件（学生自学）。

3. 制作研究模型（学生自学）。

六、提出问题

1. 正方体的截面有多少种形状？

2. 各类截面有哪些性质？如和各棱与截面所成的角都相等，则各形状中面积最大的截面是什么形状？

3. 是否存在正三角形、正方形、正五边形、正六边形的截面，说明理由。

4. 在正方体直观图中画出各种截面。

七、预计达到的目标

1. 参加活动的小组能自己设计合理方案进行研究。

2. 活动方案呈现多样性。

3. 对提出的问题能通过研究得到答案。

4. 能在研究过程中提出问题。

5. 每个成员撰写研究报告。

6. 活动结束后有学生能撰写小论文。

八、参考研究方案

方案一：通过实物进行截面研究，可采用生活中的一些材料，如萝卜，材料经济容易找，方便切割，不易变形；木块形状稳定，但不易切割。可先通过萝卜研究，各类形状都研究完成后，再用木块做出成果，锻炼学生的木工操作能力，成果能长期保存，教师可做教具。

方案二：通过向透明的正方体容器中注水，观察不同摆放位置时、不同水量时，截面的形状变化。正方体透明容器可让学生自己寻找，也可以让学生自己动手制作，如可以用有机玻璃做材料，用玻璃胶或 502 胶水粘连起来，留下一个缝隙用来注水。

方案三：通过计算机软件，如几何画板来演示截面的形状。这个方案可提高学生应用信息技术进行数学实验的能力。

方案四：通过作图证明。这种方案直接通过严谨的作图证明得出各种截面的形状，过程虽然枯燥但方法严谨，学生能将学到的知识在实践中应用。

九、活动注意事项

1. 提醒学生在制作容器中注意安全。

2. 提醒学生在切割几何体时注意安全。

3. 此课题适合不同层次的学生。

圆柱体截面的研究

一、课题名称

圆柱体截面的研究。

二、课题设计说明

1. 立体几何中圆柱体中涉及截面问题，圆锥曲线中也涉及圆柱体截面问题，选择在学完圆锥曲线后进行研究，学生掌握了必备的知识。

2. 让学生通过实践活动探究截面的形状，引导学生思考问题，动手动脑，理论联系实际。

3. 通过研究促进学生对所学知识的应用与反思，加深学生对知识的理解与掌握，实现对课本知识的延伸。特别是对圆锥体截面的研究能让学生更深刻认识椭圆。

4. 柱体截面的研究适合各层次的学生。通过小组合作共同研究，提高学生的合作能力和研究能力。

三、活动形式

数学实验。

四、时间安排

学习 2－1 圆锥曲线后，适合安排在课内或课外时间。

五、学生需具备的知识和能力

1. 立体几何知识。
2. 圆锥曲线。

3. 计算机相关软件（学生自学）。

4. 制作研究模型（学生自学）。

六、提出问题

1. 圆柱体的截面有多少种形状？

2. 能结合立体几何中的圆柱体性质进行说明吗？

3. 能证明吗？

4. 这些截面有哪些性质？

七、预计达到的目标

1. 参加活动的小组能自己设计合理方案进行研究。

2. 活动方案呈现多样性。

3. 对提出的问题能通过研究得出答案。

4. 能在研究过程中提出问题。

5. 每个成员撰写研究报告。

6. 数学基础好的学生能证明圆锥面。

八、参考研究方案

方案一：用生活中最常见的用品，如圆柱体的透明水杯，里面装上有颜色的水，通过不同摆放位置观察截面。

方案二：通过计算机软件，如几何画板来演示截面的形状。这个方案可提高学生应用信息技术进行数学实验的能力。

方案三：通过作图证明。这种方案直接通过严谨的作图证明得出各种截面的形状，过程虽然枯燥但方法严谨，学生能将学到的知识在实践中应用。

方案四：通过直射光线投影。利用透明圆柱体，里面装上有颜色的水，利用太阳光线照射或其他直射光源照射投影图像。

九、活动注意事项

此课题适合不同层次的学生，可课内进行。

几何体的展开图探究

一、课题名称

几何体的展开图探究。

二、课题设计说明

1. 立体几何学习中涉及展开图问题，学生具备了几何体展开图的知识储备。同时，学生在日常生活经验中也应用到了展开图，如折纸活动。

2. 让学生通过实践活动去探究几何体的展开图，引导学生思考问题，动手动脑，理论联系实际。

3. 通过研究促进学生掌握现实生活中的几何体与展开图之间的联系，将所学知识与现实生活相联系，加深学生对知识的理解与掌握，实现对课本知识的延伸。研究中制作的几何体可应用于教学活动。

4. 几何体的展开图探究适合各层次的学生。通过小组合作共同研究，提高学生的合作能力和研究能力。

三、活动形式

数学实验。

四、时间安排

学习完立体几何第一节课后，适合安排在课外时间。

五、学生需具备的知识和能力

1. 立体几何几何体的知识。

2. 计算机相关软件（学生自学）。

3. 制作研究模型（学生自学）。

4. 折纸技术（学生自学）。

六、提出问题

1. 长方体有多少种展开形式？

2. 一张矩形的纸制作一个无盖的长方体盒子，怎样做才能使长方体体积最大？

3. 四面体有多少种展开形式？

4. 一张正三角形的纸，如何拼成正四面体？

5. 一张正三角形的纸，如何拼成正三棱柱？

6. 一张圆面的纸，如何卷圆锥筒的体积最大？

七、预计达到的目标

1. 通过实际操作，提高动手能力。

2. 能对提出的问题通过实际操作制作模型，并能进行理论证明。

3. 能在研究过程中提出问题。

4. 能对各种不同的几何体进行展开图探究。

八、参考研究方案

方案一：通过实物模型去研究展开图。

方案二：通过计算机软件去研究展开图。

九、活动注意事项

此课题适合不同层次的学生。

两个分类变量间的关系

一、课题名称

两个分类变量间的关系。

二、课题设计说明

1. 学生提出问题，经研究解决问题。
2. 通过活动，培养学生提出问题和解决问题的能力。
3. 通过活动，培养学生应用所学知识解决实际问题的能力。
4. 通过活动，培养学生数据处理的能力。
5. 通过活动，培养学生用数学眼光观察现实世界的能力。

三、活动形式

数学建模。

四、时间安排

学习独立性检验的基本思想并初步应用后，适合安排在课外时间。

五、学生需具备的知识和能力

1. 独立性检验的基本思想及其初步应用的知识。
2. 收集数据的方法和能力。
3. 分析数据的能力。

六、参考课题

1. "研究数学成绩与物理成绩之间的关系"。

2. "研究性别与某科（如数学、英语）成绩之间的关系"。

3. "研究性别与爱好某项运动的关系"。

4. "研究性别与选修课外活动的关系"。

5. "研究语文成绩与课外阅读的关系"。

6. "研究性别与喜爱宠物的关系"。

7. "研究参加社团活动与学习成绩的关系"。

8. "研究性别与爱吃零食的关系"。

七、预计达到的目标

1. 学生能提出研究的问题。

2. 学生能设计合理的方法收集数据和处理数据。

3. 学生能通过分析数据得出结论，并能说明结论是否合理。

4. 学生能写出研究报告或小论文。

八、活动注意事项

1. 有明显差异的不作为选题，如性别与足球运动的关系，选文理科与性别的关系等。

2. 难于调查的选题不选，如医院、政府部门，涉及隐私等的选题也不选。

3. 可以选用报纸、电视、网络的相关数据进行分析。

探究函数性质：$y = ax^3 + bx^2 + cx + d$

一、课题名称

探究函数性质：$y = ax^3 + bx^2 + cx + d$。

二、课题设计说明

1. 学习完导数及其应用，学生具备了用导数研究函数性质的能力。

2. 结合前面学过的函数性质，对如何研究函数性质有更深的认识。

3. 通过计算机辅助作图，掌握用数形结合的方法去研究函数性质。

4. 对课本习题和课外练习题的延伸和扩展。

三、活动形式

数学探究。

四、时间安排

学习选修 2 – 2 第一章《导数及其应用》后，适合安排在课外时间。

五、学生需具备的知识和能力

1. 导数及其应用的知识。

2. 函数性质及研究方法。

3. 计算机相关软件（学生自学）。

4. 查阅资料的能力。

六、提出问题

1. 探究函数性质：$y = ax^3 + bx^2 + cx + d$。

2. 函数的图像变化。

3. 函数的性质（单调性、对称性、极值等）。

4. 函数的切线问题。

七、预计达到的目标

1. 通过研究，对函数 $y = a x^3 + b x^2 + cx + d$ 的性质有进一步的认识。

2. 能对提出的问题进行研究，并能进行理论证明。

3. 能在研究过程中提出问题。

4. 能总结归纳函数 $y = a x^3 + b x^2 + cx + d$ 的性质。

5. 能总结函数性质的研究方法。

6. 学生能写出研究报告或小论文。

八、参考研究方案

方案一：研究其中一个性质。

方案二：通过计算机软件去研究。

九、活动注意事项

此课题可分不同层次进行，适合不同层次的学生。

探究抛物线的阿基米德三角形的性质

一、课题名称

探究抛物线的阿基米德三角形的性质。

二、课题设计说明

1. 学习完抛物线后，学生已经初步了解了抛物线的性质。

2. 结合 2007 年江苏高考题，提出问题。

3. 对练习题的延伸和扩展。

三、活动形式

数学探究。

四、时间安排

学习完抛物线后，适合安排在课外时间。

五、学生需具备的知识

1. 抛物线的知识。

2. 切线的知识。

六、提出问题

1. 抛物线 $x^2 = 2py$，过其焦点 F 的直线与抛物线交于 A,B 两点，过 A,B 两点分别作抛物线的切线，两切线交于 P 点，求 P 点的轨迹方程。

2. 从上述问题，你能延伸出哪些问题？你有哪些大胆的猜想？试证明你提出的问题或猜想是否正确。

参考问题：

（1）将上述问题的结论与其中一个条件互换，试证明是否成立？

（2）过焦点改为过点（0，p），结果如何？

（3）把焦点改为一定点，结果如何？

（4）如果把抛物线改成椭圆呢？

七、预计达到的目标

1. 通过研究，对抛物线的阿基米德三角形的性质有一定的了解。

2. 能对提出的问题进行研究，并能进行理论证明。

3. 能在研究过程中提出问题。

4. 让一部分对数学学习有浓厚兴趣的学生通过研究，提升研究问题和发现问题的能力。

5. 学生能写出研究报告或小论文。

八、参考研究方案

方案一：改变条件进行研究，总结规律。

方案二：类比抛物线，继续研究椭圆是否存在相同性质。

九、活动注意事项

此课题适合数学基础较好、能力较强的学生。

个人所得税的计算

一、课题名称

个人所得税的计算。

二、课题设计说明

1. 学习完函数，学生已经初步掌握分段函数。
2. 结合课本习题，提出问题。
3. 对现实问题进行研究。

三、活动形式

数学建模。

四、时间安排

学习完函数后，适合安排在课外时间。

五、学生需具备的知识和能力

1. 函数的知识。
2. 调查收集数据的能力。
3. 上网查阅资料的能力。
4. 计算机相关软件的使用。

六、提出问题

1. 了解国家个人所得税的政策。
2. 了解如何征收个人所得税。

3. 计算个人所得税。

4. 利用计算机软件，计算出个人所得税。

七、预计达到的目标

1. 了解国家个人所得税法，加强依法纳税的公民意识。

2. 了解我国个人所得税法不同时期的纳税情况。

3. 能计算出个人需缴纳的税。

4. 尝试了解其他国家或地区的个人所得税情况。

5. 撰写研究报告。

解决校门口塞车问题

一、课题名称

解决校门口塞车问题。

二、课题设计说明

1. 根据学生每天遇到的实际状况，提出问题进行调研。
2. 通过活动，培养学生观察现实世界、提出问题的能力。
3. 通过活动，培养学生应用所学知识解决实际问题的能力。
4. 通过活动，培养学生数据收集和处理的能力。
5. 通过活动，学习数学建模的思想。

三、活动形式

数学建模。

四、时间安排

适合安排在课外时间。

五、学生需具备的知识和能力

1. 收集数据和分析数据的能力。
2. 数学建模的知识。

六、提出问题参考

1. 校门口塞车的时段。
2. 校门口塞车的原因。

3. 提出解决方案。

4. 方案可行性的验证。

七、预计达到的目标

1. 能通过数据说明塞车的原因。

2. 能通过模拟提出解决方案。

3. 能尝试验证方案的可行性。

4. 学生能写出研究报告或小论文。

八、活动注意事项

1. 提醒学生注意交通安全。

2. 提醒学生在收集数据时注意个人隐私，如车牌、人头像。

3. 涉及交通问题要与交警部门联系，并取得交警部门的同意。

数列在实际生活中的应用研究

一、课题名称

数列在实际生活中的应用研究。

二、课题设计说明

1. 在银行存款的研习过程中，理解整存整取、零存整取的计息方法。

2. 在购房贷款的学习过程中，理解购房贷款中等额本金还款法与等额本息还款法的基本计算和思想方法。

3. 让学生经历从实际问题中抽象数学问题并建立等差、等比数列模型的过程，通过简单运算解决问题，提高学生从数学角度发现和提出问题的能力以及分析和解决问题的能力，发展学生数学抽象、数学建模、数学运算等核心素养。

4. 通过实践研究，学生能认识数学的科学价值、应用价值，能提高学习数学的兴趣，增强学习数学的自信心，养成良好的数学学习习惯，发展自主学习的能力，树立善于思考、严谨求实的科学精神，不断提高实践能力。

三、活动形式

数学建模。

四、时间安排

学习等差数列和等比数列知识后，适合安排在课外时间。

五、学生需具备的知识和能力

1. 高中数列所要求的知识。

2. 查阅相关银行存款和购房贷款的相关政策和资料。

3. 调查楼盘售价和首付信息。

六、提出问题参考

1. 在银行存款中，整存整取、零存整取分别是什么意思。

2. 结合小组的某学生家庭收入和存款情况，得到整存整取或零存整取的一些计算结果。

3. 购房贷款中，等额本金还款法与等额本息还款法具体是如何计算的？区别是什么？

4. 结合当前政策，选择某个购房家庭，分别计算在两种不同贷款方式下的每月还贷情况，并结合收入情况，给出相应建议。

七、预计达到的目标

1. 活动小组成员分工协作，相互交流讲解，了解存款和贷款的相关概念。

2. 讨论存款和贷款所包含的数列知识，弄明白其中的数学模型。

3. 能在研究过程中不断提出问题，并通过思考交流，分析、解决问题。

4. 对于等额本金还款法与等额本息还款法，能够计算出每月还贷的具体金额并结合收入情况，给出合理建议。

5. 撰写相应的活动报告。

八、参考问题

问题一：某人现有 50000 元，今年 1 月份存入银行，存期 1 年，到年终结算时，本利和应为多少？（以现行利率计算）

问题二：某人月工资 5000 元，他采用零存整取的方式在银行存款。从 1 月份开始，每月第一天存入银行 3000 元，年终结算时本利和应为多少？（以现行利率计算）

问题三：一套面积 120m^2 的商品房，每平方米售价为 7000 元，要求首付 3 成，学生自己去银行了解目前买房商业贷款还贷利率是多少，最常用的还贷方式有几种，哪种还贷方法比较省钱。

九、活动注意事项

1. 为确切地了解存款和贷款的原理，不要直接利用网上相关计算器得到结果。

2. 对于个人收入和楼盘售价，建议选择较有代表性的。

利用几何画板研究圆锥曲线的若干问题

一、课题名称

利用几何画板研究圆锥曲线的若干问题。

二、课题设计说明

1. 让学生根据曲线的定义，利用几何画板，亲自设计并制作出精确的曲线，从而使学生在作图的过程中，领悟、理解进而真正建立起完整的圆锥曲线概念。

2. 利用几何画板，理解并动态感受圆锥曲线的相关概念，如椭圆的形状与离心率的关系、双曲线的渐近线、直线与圆锥曲线位置关系等。

3. 几何画板是一个"个性化"的面向学科的工具平台，在创设问题情境，反映图形运动变化、探究数学规律、提高学生的学习兴趣、促进课堂的教学效果等诸方面都有着独特的作用。

4. 在观察、探索、发现的过程中增强对各种图形的感性认识，形成丰富的几何经验背景，深化学生对知识的理解和掌握。几何画板为学生创造了一个进行几何实验的环境，有助于发挥学生的主体性、积极性和创造性，充分体现了现代教学的思想。

三、活动形式

数学探究。

四、时间安排

学习圆锥曲线课程之时。

五、学生需具备的知识和能力

1. 高中圆锥曲线相关知识和思想。

2. 一定的几何画板操作方法。

3. 对于圆锥曲线的探索问题有所了解。

六、提出问题

1. 利用几何画板，设计并作出三种圆锥曲线。

2. 利用几何画板，制作动态图像，观察椭圆的形状与离心率的关系、双曲线的渐近线、直线与圆锥曲线位置关系等。

3. 利用几何画板，动态展示带参数的曲线方程的图形变化过程。

4. 利用几何画板，探索圆锥曲线的定点、最值问题。

七、预计达到的目标

1. 学生发挥主观能动性，创造性地设计出各种制作圆锥曲线的方案。

2. 通过动态展示，使学生更加深刻地理解离心率、渐近线等相关概念的含义。

3. 通过学生动手实践，培养学生提出问题、分析问题、探索问题、解决问题的能力。

4. 几何画板提供了一个十分理想的让学生积极探索问题的"数学实验"的环境，帮助学生在实际操作中把握数学学科的内在本质，培养学生的观察能力和问题解决能力。

八、活动注意事项

1. 对于几何画板的操作，建议教师一开始要有适当的教学，以便减少学生无谓的时间浪费。

2. 分小组进行，合作交流，更容易碰撞出思想的火花，且能够比较高效地设计出方案来。

测量教学楼的高度

一、课题名称

测量教学楼的高度。

二、课题设计说明

1. 通过学生实际操作，测量建筑物的高度，提高学生学习数学的兴趣，提高学生应用所学知识解决实际问题的意识和能力。

2. 通过学生分组活动（各小组的测量方式不同），激发学生的创新意识。

3. 学生在实践中需要使用一些工具，提高学生使用工具的能力，甚至制作工具的能力。

4. 通过小组合作共同研究，提高学生的合作能力和研究能力。

5. 通过小组间的方案、过程及数据的对比，小组之间在评价中互相欣赏、互相借鉴。

三、活动形式

数学建模。

四、时间安排

学习了必修五解三角形后，适合安排在课外时间。

五、学生需具备的知识和能力

1. 解三角形的基本知识和方法。

2. 有一定的使用工具的能力。

3. 有一定的制作简易工具的能力。

六、参考方案

1. 利用工具测量一个不可及点的方案。

2. 利用工具测量两个不可及点的方案。

3. 利用参照物进行测量。

七、预计达到的目标

1. 每组能用一至两种方法进行测量。

2. 能对测量结果进行分析评估。

3. 能总结出测量一个不可及点和两个不可及点的方法。

4. 能分析测量中产生的误差。

5. 学生能写出研究报告或小论文。

八、活动注意事项

在测量过程中注意安全，不要攀爬栏杆，不得上天台。

九、活动经验

本课题已由多届学生进行实践，以下是学生在活动过程中总结的经验：

1. 利用教学楼前的池塘上的一条平整的小路测量，距离比较合适，测量的误差小。

2. 利用旁边的教学楼，取一楼和二楼两个测量点，测量的视角比较好。

3. 测量角度大部分小组都利用班上的量角器来制作简易的测角仪。

4. 为保证测量误差小，部分小组利用了三脚支架，避免手持仪器造成的误差。

5. 选择参照物进行测量误差较大。如采用影子测量，教学楼的体积较大，周边环境干扰大。采用比例法，利用可测量的物体与教学楼一同拍照，然后按比例计算，实践证明误差较大，主要原因可用美术投影原理解析。

美妙的杨辉三角

一、课题名称

美妙的杨辉三角。

二、课题设计说明

1. 通过教材中的阅读材料——"杨辉三角的性质研究"，提高学生发现数学美的能力。

2. 通过研究杨辉三角的性质，提高学生研究问题的能力。

3. 通过研究杨辉三角的性质，使学生对我国数学文化历史有更进一步的了解。

4. 通过小组合作共同研究，提高学生的合作能力和研究能力。

5. 通过对研究结论的分享，让更多学生了解杨辉三角的性质。

三、活动形式

数学探究。

四、时间安排

学习了二项式定理后，适合安排在课外时间。

五、学生需具备的知识和能力

1. 二项式定理。

2. 有一定的研究归纳能力。

3. 会查阅相关资料。

六、提出问题

1. 查阅相关资料，了解杨辉三角。

2. 杨辉三角有哪些性质？

3. 杨辉三角的性质与哪些知识相关？

七、预计达到的目标

1. 能横向总结出二项展开式系数的性质。

2. 能纵向总结出二项展开式系数的性质，并能与前面的组合数性质联系起来。

3. 能斜向总结出二项展开式系数的性质。

八、注意事项

本课题适合能力较强的学生。

"斐波那契数列" 主题阅读与理解

一、课题名称

"斐波那契数列" 主题阅读与理解。

二、课题设计说明

1. 本课题内容来自必修五数列部分的 "阅读与思考"。

2. 引导学生进行资料查询、阅读，培养学生查阅文献资料的能力。

3. 学生通过阅读数学文献可以了解数学发展史和数学文化。

4. 通过阅读文献资料促进学生对所学知识的应用与反思，加深学生对知识的理解与掌握，实现对课本知识的延伸。

5. 本课题的研究适合数学基础较好、能力较强的学生。通过小组合作共同研究，提高学生的合作能力和研究能力。

三、活动形式

数学文献阅读。

四、时间安排

学习数列后，适合安排在课外时间，时间为三周。

五、学生需具备的知识和能力

1. 高中数列递推关系求数列的通项所要求的知识（教师指导、学生自学相结合）。

2. 查阅文献（学生自查）。

3. 理解文献资料六，提出问题。

七、预计达到的目标

1. 参加活动的小组能根据提出的问题进行资料查阅。

2. 小组间能从不同角度去整理收集的资料，并互相分享。

3. 能初步掌握"斐波那契数列"的递推关系。

4. 能直观得出"斐波那契数列"的一些性质。

5. 能力强的学生能推导得出"斐波那契数列"的通项公式。

6. 活动结束后学生能撰写小论文。

八、活动建议

1. 先掌握由数列的递推关系推导出数列通项公式的方法。建议教师在上课时适当补充扩展这部分内容。

2. 活动内容可选其中一部分进行，可视学生的能力分不同小组分别进行。

"指数函数与对数函数" 主题阅读与理解

一、课题名称

"指数函数与对数函数" 主题阅读与理解。

二、课题设计说明

1. 学生刚接触高中数学，开展数学文献主题阅读，让学生学习如何阅读和理解数学文献资料。

2. 引导学生对资料进行查询、阅读，培养学生查阅文献资料的能力。

3. 学生通过阅读数学文献可以了解数学发展史和数学文化。

4. 通过阅读文献资料促进学生对所学知识的应用与反思，加深学生对知识的理解与掌握，实现对课本知识的延伸。

5. 本课题是高中首次开展的数学阅读，建议先开小讲座，引导学生阅读，并让大多数学生参与。

三、活动形式

数学文献阅读。

四、时间安排

学习函数后，适合安排在课外时间，时间为两周。

五、学生需具备的知识和能力

1. 查阅文献（学生自查）。

2. 指数与对数函数的性质。

六、提出问题

1. 你通过何种途径查阅指数函数与对数函数相关的资料?

2. 把你查阅到的资料统计出来。

3. 选择一篇你最感兴趣的，进行详细阅读，并做好笔记。

4. 这次活动你有哪些感悟或收获? 与同学们分享。

七、预计达到的目标

1. 参加活动的小组能根据提出的问题进行资料查阅。

2. 小组间能从不同角度去整理收集的资料，并互相分享。

3. 对指数函数与对数函数的发展史有一定的了解。

4. 提高学习数学的兴趣。

5. 小组合作能力提高。

八、活动建议

1. 学生查阅资料做出统计，了解可以通过哪些途径、哪些网站查阅资料。

2. 进行活动总结前可对学生选取的内容进行分类，分专题进行总结和评价。

了解碳 14 测年法

一、课题名称

了解碳 14 测年法。

二、课题设计说明

1. 学生学习对数函数时，例题中涉及碳 14 测年法推算马王堆古墓的年代的问题。

2. 学生通过查阅资料了解相关知识，提高查阅资料的能力。

3. 与化学元素的半衰期有关，提高学生跨学科知识的应用能力。

4. 通过阅读文献资料促进学生对所学知识的应用与反思，加深学生对知识的理解与掌握，并实现课本知识的延伸。

三、活动形式

数学文献阅读。

四、时间安排

学习对数后，适合安排在课外时间，时间为一周。

五、学生需具备的知识和能力

1. 查阅文献（学生自查）。

2. 了解半衰期的概念。

3. 了解碳 14 测年法。

六、提出问题

1. 你通过何种途径查阅相关的资料？把你查阅到的资料统计出来。

2. 你了解碳 14 测年法的原理吗？

3. 查阅一个利用碳 14 测年法推算年代的案例。

4. 这次活动你有哪些感悟或收获？与同学们分享。

七、预计达到的目标

1. 参加活动的小组能根据提出的问题进行资料查阅。

2. 小组间能从不同角度去整理收集的资料，并互相分享。

3. 对碳 14 测年法有一定的了解。

4. 通过资料阅读了解碳 14 测年法、半衰期。

5. 建立跨学科开展活动的意识。

八、活动建议

1. 学生查阅资料做出统计，了解可以通过哪些途径，哪些网站查阅资料。

2. 可让化学教师参与解答学生有关化学方面的问题。

发现生活中的函数模型

一、课题名称

发现生活中的函数模型。

二、课题设计说明

1. 学习完函数后，对函数有了初步的认识。

2. 通过观察周围的世界，发现函数模型，培养学生的数学眼光。

3. 通过函数模型的建立，培养学生的数学建模思想。

4. 通过数学建模活动，加深学生对函数的理解与掌握，实现对课本知识的延伸。

三、活动形式

数学建模。

四、时间安排

学习函数后，适合安排在课外时间，时间为两周。

五、学生需具备的知识和能力

1. 具备一定的观察能力，能将现实世界的变量关系与函数联系起来。

2. 初步掌握收集数据和处理数据的方法。

3. 掌握利用计算机模拟函数的方法。

六、提出问题

1. 你建立的函数模型是什么？你是怎么观察、发现的？

2. 函数的变量是什么？

3. 你是如何收集数据的？

4. 利用计算机模拟出的函数是什么函数？你觉得合理吗？

5. 这次活动你有哪些感悟或收获？与同学们分享。

七、预计达到的目标

1. 参加活动的小组能找到生活中的函数模型。

2. 能利用计算机模拟出函数。

3. 能简单地判断函数是否合理。

八、活动建议

1. 先通过课外活动的形式学习计算机模拟函数的操作。

2. 如果学生难以在生活中发现函数模型，也可以利用报纸或网络上的数据进行模拟。

A4 纸最多可以对折多少次

一、课题名称

A4 纸最多可以对折多少次。

二、课题设计说明

1. 指数函数是高中函数主线中重要的一节内容，其中指数爆炸的概念也是实际生活中重要的内容。

2. 通过实践活动让学生更加形象地理解指数函数若为增函数，递增的幅度是巨大的。

3. 通过实验促进学生对所学知识的应用与反思，加深学生对知识的理解与掌握，实现对课本知识的延伸。

4. "A4 纸最多可以对折多少次"适合各层次的学生。通过小组合作共同研究，提高学生的合作能力和研究能力。

三、活动形式

数学实验。

四、时间安排

可以作为指数函数单调性的课堂引入，适合安排在课内时间。

五、学生需具备的知识和能力

1. 函数单调性知识。

2. 指数函数知识。

六、提出问题

1. 一张普通的 A4 纸可以对折多少次？

2. 一张 A4 纸的厚度约为 0.1mm，通过计算，若对折 20 次后，纸张的厚度将是多少？

七、预计达到的目标

1. 对提出的问题能通过实验得出答案。

2. 能在研究过程中提出问题。

3. 活动结束后学生能撰写小论文，探究生活中其他关于指数爆炸的内容。

八、参考研究方案

每位学生准备一张 A4 纸，通过一次次对折，在无法再对折的时候，记录对折的次数，并记录最后的厚度是多少。为了增加实验的多样性，可以让部分学生采用更大的纸张进行实验，并与 A4 纸大小的实验进行实验数据对比。

最后，让学生通过计算，从数字上体会指数爆炸的变化程度：

$0.0001 \times 2^{10} = 0.1024$ （m）

$0.0001 \times 2^{20} = 104.85$ （m）

$0.0001 \times 2^{30} = 107374.18$ （m）（注：已经超过了珠穆朗玛峰的高度）

九、活动注意事项

1. 随着对折次数增多，纸张面积变小，提醒学生在进行对折的时候注意安全。

2. 此课题适合不同层次的学生。

通过实验得到椭圆轨迹

一、课题名称

通过实验得到椭圆轨迹。

二、课题设计说明

1. 椭圆轨迹的获得涉及椭圆的定义、几何性质，该活动有助于提高学生的数形结合思想和逻辑推理能力。

2. 通过学生实践活动去探究椭圆轨迹的产生，深刻认识椭圆的定义。

3. 通过实验促进学生对所学知识的应用与反思，加深学生对知识的理解与掌握。

4. "通过实验得到椭圆轨迹"适合各层次的学生。通过小组合作共同研究，提高学生的合作能力和研究能力。

三、活动形式

数学实验。

四、时间安排

学习椭圆定义知识后，适合安排在课内时间。

五、学生需具备的知识和能力

椭圆的定义。

六、提出问题

1. 如何通过椭圆定义得出椭圆的轨迹图像？

2. 如何利用圆形纸片产生折线，得出椭圆轨迹图像？

3. 如何证明该轨迹图像是椭圆？

七、预计达到的目标

1. 活动方案呈现多样性。

2. 对提出的问题能通过实验得到答案并证明。

3. 能在研究过程中提出问题。

4. 每个成员撰写研究报告。

八、参考研究方案

方案一：学生在木板上利用图钉固定两点，把一根不能伸缩的绳子的两端固定在图钉上；利用笔，绷紧绳子，移动笔，画出图像，并观察得到的曲线图形。

变换绳子的长度：

（1）绳子的长度大于两图钉间的距离。

（2）绳子的长度等于两图钉间的距离。

（3）绳子的长度小于两图钉间的距离。

绳子的长度发生变化，得出的曲线会产生什么变化？

方案二：如图 1 所示，利用圆形纸片，在圆内任取一点 F 异于圆心，将圆形纸片折起，使得圆弧经过点 F，然后将圆形纸片展开，得到一条折痕 l，重复此操作多次，观察众多折痕所围成的图形。

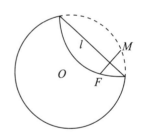

图 1　折纸示意图

九、活动注意事项

1. 提醒学生在使用图钉时注意安全。

2. 此课题适合不同层次的学生。

利用 EXCEL 进行班级月考
成绩统计分析比较

一、课题名称

利用 EXCEL 进行班级月考成绩统计分析比较。

二、课题设计说明

1. "利用 EXCEL 进行班级月考成绩统计分析"涉及数字特征分析、频率分布直方图等相关内容，是对统计初步知识的综合应用，有助于提高学生数据、图表分析能力和图表制作能力。

2. 通过学生实践活动去分析数据所隐含的信息，引导学生思考问题，动手动脑，利用所学数学知识分析生活中的实际问题。

3. 通过实验促进学生对所学知识的应用与反思，加深学生对知识的理解与掌握，实现对课本知识的延伸。

4. "利用 EXCEL 进行班级月考成绩统计分析比较"适合各层次的学生。

三、活动形式

数学实验。

四、时间安排

学习统计及用样本估计整体相关知识后，适合安排在课外时间。

五、学生需具备的知识和能力

（1）高中立体几何所要求的知识。

（2）计算机相关软件的使用（学生自学）。

六、提出问题

1. 利用什么量进行数据分析？

2. 如何计算得到这些量，它们的数学表达式是怎样的？

3. 如何运用 EXCEL 求出这些量？

七、预计达到的目标

1. 参加活动的小组能自己设计合理的方案进行研究。

2. 活动方案呈现多样性。

3. 对提出的问题能通过研究得到答案。

4. 能在实验过程中提出问题。

5. 每个成员都能撰写研究报告。

八、参考研究方案

1. 在数据分析上，可以通过 EXCEL 得出若干个班级月考成绩的平均分、极差、中位数、方差，以此分析班级成绩的平均分数，以及成绩高低的分化程度。

2. 通过 EXCEL 得到班级成绩的频率分布直方图，从而得到频率分布折线图；并不断地减小组距，从频率分布折线图近似得到频率分布曲线。

九、活动注意事项

此课题适合不同层次的学生。

探究黄金分割

一、课题名称

探究黄金分割。

二、课题设计说明

1. 探究黄金分割涉及数学文化以及数学历史相关内容。

2. 通过学生的阅读探究隐藏在生活中的黄金分割比例，加强学生数学应用能力，以及让学生体会数学美。

三、活动形式

数学阅读。

四、时间安排

适合安排在课外时间。

五、学生需具备的知识

初高中基础数学知识。

六、提出问题

1. 黄金分割的定义是什么？

2. 黄金分割的发展历史是怎样的？

3. 寻找你身边的黄金分割事例。

七、预计达到的目标

1. 每个成员都能撰写研究报告。

2. 活动结束后学生能撰写小论文。

八、参考研究方案

通过文献阅读，我们可以了解：

1. 黄金分割的发展历程。

2. 发现黄金分割与"斐波那契数列"以及杨辉三角之间的内在联系。

3. 探究建筑物之中蕴含的黄金分割。

4. 探究股市均线中蕴含的黄金分割。

5. 探究动植物中所蕴含的黄金分割。

6. 探究人体中所蕴含的黄金分割。

九、活动注意事项

此课题适合不同层次的学生。

中学生的偶像调查

一、课题名称

中学生的偶像调查。

二、课题设计说明

1. 本课题配合学校德育工作，调查中学生的偶像群体。

2. 引导学生开展调查研究，做好调查表，收集数据。

3. 引导学生分析统计数据。

4. 通过调查研究的形式，使学生通过数据发现问题，引导学生树立正确的价值观。

5. 本课题的研究由学生会、团委组织完成，锻炼和提高学生会、团委的组织能力和合作能力。

三、时间安排

安排在中段考试后。

四、学生需具备的知识和能力

1. 制作调查表的能力。

2. 收集数据和处理数据的能力。

3. 从数据中得出结论的能力。

五、活动类型

数学建模、调查研究。

六、调查的问题建议

1. 你心目中的偶像是谁？

2. 偶像类型、职业。

3. 偶像的年龄段。

4. 你是从什么途径认识该偶像的？

5. 你认为偶像值得你崇拜的地方是什么？

七、预计达到的目标

1. 能在学校大范围内收集问卷调查表。

2. 调查小组能如实分析数据。

3. 能从数据中得到相关的信息。

4. 能撰写研究报告。

5. 学生会、团委能进行相应的主题活动。

八、活动建议

1. 建议学校团委负责教师做好协助。

2. 建议在整理数据时利用好计算机。

对高中数学教师开展数学活动的情况调查问卷

1. 下列这些活动形式，你了解过哪些？（可多选）（　　　）

   A. 数学建模活动　　　　　　　B. 研究性学习

   C. 数学实验　　　　　　　　　D. STEAM 项目化学习

   E. 其他（填写）（　　　）

2. 你在教学中尝试过以上活动吗？（　　　）

   A. 试过　　　　　　　　　　　B. 没有

3. 你愿意在今后的教学中尝试以上活动吗？（　　　）

   A. 非常愿意　　　　　　　B. 可以尝试　　　　　　C. 不愿意

4. 你认为以上活动开展存在的困难是什么？（　　　）

   A. 不知道如何进行

   B. 没有开展的条件

   C. 教学时间不允许

   D. 学生素质差无法开展

   E. 与高考无关，无须花时间

5. 如果你愿意开展数学活动，你觉得开展过程中哪些问题难以解决？（　　　）

   A. 选题问题　　　　　　　　　B. 学校的支持

   C. 时间如何安排　　　　　　　D. 如何指导学生开展

6. 你认为开展数学活动采用如下哪些形式比较合适？（　　　）

   A. 小组形式

   B. 班级形式

   C. 个人形式

7. 你认为开展数学活动安排哪些时间比较合适？（　　　）

   A. 课外或假期

   B. 设置校本课程安排课时进行

C. 课内与课外结合

8. 你认为开展数学活动的选题该如何进行？（ ）

   A. 多选题供选择

   B. 固定选题

   C. 学生自定选题

9. 你认为在开展数学活动的过程中应如何解决学生遇到的超出高中学习的内容的问题？（ ）

   A. 课外帮学生补上

   B. 指导学生查阅资料

   C. 利用网络探索学习

   D. 以上都可以

10. 学生参加数学活动后，最后结果以什么形式呈现？（ ）

    A. 汇报形式，以 PPT 呈现过程和结果

    B. 研究报告形式

    C. 撰写小论文形式

11. 在开展活动的过程中，你认为应如何指导学生？（ ）

    A. 定期汇报，教师跟进

    B. 学生自主，只看结果

    C. 个别指导，提出问题

    D. 教师指导，学生操作

12. 在开展活动的过程中，你希望获得什么支持和帮助？（ ）

    A. 有学校或同一区域的教师结伴开展活动，相互支持交流

    B. 有相关的指导书籍和资料的参考

    C. 有专家指导和介绍经验

    D. 在网络学习平台上能学习好的案例

    E. 以上都需要

    F. 其他

高中数学活动开题报告表

___年级___班   时间___年___月___日

课题题目	
选题来源	自选课题 ■ 老师提供 ☐
课题组长	指导老师
课题成员	
课题背景	
研究方法	
研究方案	
时间安排	
指导老师意见	
备注	

高中数学活动记录表

___年级___班　　　活动时间___年___月___日—___月___日

课题题目			
选题来源	自选课题 ■	老师提供 ☐	
课题组长		指导老师	
课题成员			
活动目的			
活动内容			
活动用器			
活动记录			
时间	过程		
活动结果（解决问题、结论、提出问题）			

高中数学活动研究报告表

_____年级_____班　　　　活动时间_____年_____月_____日一_____月_____日

课题题目			
选题来源	自选课题 ■■■	老师提供 ☐	
课题组长		指导老师	
课题成员			
活动目的			
活动内容			
活动用器			
活动过程			
时间	过程		
活动结果（解决问题、结论、提出问题）			
经验总结与反思			

高中数学活动评价表

___年级___班　　　活动时间___年___月___日—___月___日

评价内容	评价标准	自我评价	学生评价	教师评价
选题	选题是否自主			
	选题的合理性			
	选题的创新性			
方案	方案的合理性			
	方案的创新性			
参与和合作	成员的参与程度			
	成员的合作态度			
发现问题、提出问题	能按方案研究问题			
	善于思考，能发现问题、提出问题			
	能解决提出的问题			
收获	本课题的收获			
	能力的提升			
态度	成员的参与态度			

（注：评价分 A，B，C，D 四个等级，A 表示"非常好"，B 表示"好"，C 表示"中等"，D 表示"一般"。）

高中数学活动研究报告示例

高中数学活动研究报告表

高二年级（11）班　　　　　　　　　　活动时间 2019 年 4 月

课题题目	性别与是否经常网购的独立性检验		
选题来源	自选课题 ■	老师提供 □	
课题组长	冯×莹	指导老师	梁智玲老师
课题成员	刘×君、曾×帆、李×意、王×怡、黎×雅		
活动目的	调查性别与是否经常网购有关		
活动过程			

一、活动预备

1. 组建团队

你打算如何完成任务？与同学交换看法，从而找到与你一拍即合的伙伴，并组建一个团队。寻找 6 位同学，以 3 人为一小组，分成两个小组，分别对两个不同群体进行调查，然后对调查结果进行分析，并对比两个小组的结果，最后做结论。

2. 知识储备

独立性检验：

（1）2×2 列联表：列出两个分类变量的频数表。

（2）算出 K 的观测值 k^2。

$P(K^2 \geqslant k_0)$	0.50	0.40	0.25	0.15	0.10	0.05	0.025	0.005	0.001
k_0	0.455	0.708	1.123	2.072	2.706	3.841	5.024	7.879	10.828

（3）如果 $k \geqslant k_0$，判断"X 与 Y 有关系"，这种推断犯错误的概率不超过 a；否则，就认为在犯错误概率不超过 a 的前提下不能判断"X 与 Y 有关系"。

3. 材料准备

高二（1）班和高二（13）班的总人数及男女人数。

二、活动过程

1. 提出问题

性别与是否经常网购的关系。

2. 做出猜想与假设

性别与经常网购有关系。

续　表

活动过程

3. 设计初步方案

参考"知识储备"，通过图书馆、上网收集资料，与小伙伴一起制订活动的初步方案。

活动步骤	注意事项
第一步：假设两个分类变量。 （1）性别：男、女。 （2）是否经常网购、不经常网购。	
第二步：抽取高二（1）班及高二（13）进行调查，将调查数据用 2×2 列联表展现出来。 第三步： （1）确定容许判断"性别与经常网购有关"，犯错误概率的上限 a。 （2）利用公式 $n \times (ad - bc)$ 的平方 $/(a + b)(c + d)(a + c)(b + d)$ 求出观测值 k，若 $k \geq k_0$ 就判断"在犯错误概率不超过 a 的前提下，性别与常网购有关。" （3）判断 k 与表中 k_0 的关系。	

4. 实践初步方案

与团队小伙伴合作，实践你们的初步方案。

实验记录：

（1）讨论研究自变量。

（2）如何收集数据。

（3）分析数据并得出结论。

5. 优化初步方案

针对实践初步方案中存在的问题，结合实验记录，与团队小伙伴一起讨论并提出优化方案。

讨论记录：

问题1：同一性别中不同年龄段对实验结果造成的影响。

影响因素：年龄。

优化改进方法：选取同一年龄段的人。

活动过程
问题 2：如何定义"常网购"？
影响因素："常网购"的区分。
优化改进方法：对"常网购"做一个区分界限。
6. 实施优化方案
按照调整后的优化方案，重新做实验。
7. 科学推理
对整个活动过程的数据和资料进行归纳、分析、推理，形成最终结论。

活动结果（解决问题、结论、提出问题）	本次活动过程的数据来自高二年级的一个理科班与一个文科班，其中理科班男生 12 人，女生 18 人；文科班男生 11 人，女生 29 人。两个班的男女比例不平衡，女生人数多于男生，且两班同学都有一定人数的住宿生，住宿生在使用手机方面受到了限制，所以也是影响调查数据准确性的一个关键。也有一些同学因为个人喜好，喜欢一次性买较多的商品，且两次网购的时间间隔较大。所以小组成员经过商量决定：把单月网购商品的件数超过 5 件视为"常网购"。同时，本次调查的对象并不广泛，仅仅涉及本年级的个班的学生。以上是对本次实验的分析和推理。 综上所述，我们以后在做独立性检验的调查中应尽可能确保数据的准确性，如：①做关于性别调查的实验时应确保男女比例平衡，即应尽量减小数据对结果的影响；②要认真关注调查样本中内部的条件，避免某些原因影响最后的实验结果；③应尽量保证调查对象的广泛性，可以进行更加全面的调查，并不只局限于一个群体。
经验总结与反思	三、成果分享 通过对性别与网购的独立性检验，相信你对独立性检验的严谨性有了更深刻的理解，从中获得了不少感悟。请整理好这次活动的内容，以活动报告、手抄报、PPT、小视频、现场展示等你喜欢的方式呈现出来，与同学、老师一起交流分享本次活动的背景、过程、结论、感想和体会。 本次活动是班主任召开的关于独立性检验的趣味活动，活动的目的是让同学们更形象地理解独立性检验的具体操作过程，以及对数据的处理，还有能否正确地考虑数据的精准性，以及调查样本主体中存在的一些会影响样本的客观因素方面的数据。

活动过程	
经验总结 与反思	在实验前，参与活动的同学对可能遇到的问题进行事先商量，并采取相应的措施。经讨论后决定成立三人小组，分别到两个班采集数据。对采集回来的数据正确处理并对数据进行多次验算，尽量减小误差。在完成前面的各项工作后，同学们积极完成实验报告，并不同程度地对最后实验得到的数据进行了分析，交流了各自的心得。总体来说这是一次很棒的实验，不仅帮助我们更加形象地理解独立性检验方面的问题，同时也增进了同学间的感情，让我们体会到合作的重要性。 众人拾柴火焰高，虽然每个人都是作为个体存在于这个世界中的，但并不代表每个人都要孤立地存在，况且这个世界也并不是孤立的，所以同学们在今后的学习中应互相帮助，优势互补，共同学习，共同进步，在合作中体会学习的真正乐趣。

等额本金与等额本息对比研究报告
高一（11）班　郭杞兆

一、背景介绍

买房是当代中国人的头等大事，要买房所花钱的数目对普通家庭来说可谓巨额，很少有人可以一次性付清，基本上都是贷款买房。在当代社会，房贷已成为与居民生活息息相关的一种生活方式。因此，我们需要了解房贷的还款方式，怎么样的还款方式更适合怎样的人。

二、还款方式

1. 等额本金

（1）定义：在还款期内把贷款总额等分，每月偿还同等数额的本金和剩余贷款在该月所产生的利息。

（2）特点：本金保持相同，利息逐月递减，月还款数递减。

2. 等额本息

（1）定义：在还款期内，每月偿还同等数额的贷款。

（2）特点：本金逐月递减，利息逐月递增，月还款数不变。

三、数学模型

设房款共 a 元，还 n 个月，月利息 p 。

1. 等额本息

设每月还 x 元，总额 $a(1+p)^n$（元），则每个月还款数额见表1。

表1　采用等额本息还款方式每月还款数额

第几个月	还款数额
第 n 个月	$x(1+p)^0$
第（$n-1$）个月	$x(1+p)^1$
第（$n-2$）个月	$x(1+p)^2$
……	……
第 1 个月	$x(1+p)^{n-1}$

总额 $S_n = x[1 + (1 + p)^1 + (1 + p)^2 + \cdots + (1 + p)^{n-1}] = x\dfrac{(1 + p)^n - 1}{p}$

又 $x\dfrac{(1 + p)^n - 1}{p} = a$

$\therefore x = \dfrac{a(1 + p)^n p}{(1 + p)^n - 1}$

2. 等额本金

每月还本金 $\dfrac{a}{n}$ 元，则每月还款数额见表2。

表2　采用等额本金还款方式每月还款数额

第几个月	还款数额
第 1 个月	$\dfrac{a}{n} + ap$
第 2 个月	$\dfrac{a}{n} + (a - \dfrac{a}{n})p$
第 3 个月	$\dfrac{a}{n} + (a - \dfrac{2a}{n})p$
……	……
第 n 个月	$\dfrac{a}{n} + (a - \dfrac{(n-1)a}{n})p$

总额 $S_n = \dfrac{a}{n}n + apn - [1 + 2 + 3 + \cdots + (n - 1)]\dfrac{ap}{n} = a + ap\dfrac{(n + 1)}{2}$

四、还款方式比较

假设数据：小李贷款 100 万买房，银行年利率为 5%。

1. 表格比较（还120个月）

不同还款方式比较见表3。

表3　不同还款方式比较（元）

还款方式	第一个月还款	最后一个月还款	利息总和	本息总和
等额本息	10562	10562	101437	1270000
等额本金	12500	8368	250000	1250000

　　分析：等额本息每个月还款数相同，等额本金每个月还款数逐月递减。等额本金第一个月还款数大于等额本息，随着月数的增加，等额本金的还款数小于等额本息。

2. 图像比较

假设还款期数为 60 个月、80 个月、100 个月、120 个月、140 个月、160 个月，则等额本息与等额本金还款情况如图1、图2所示。

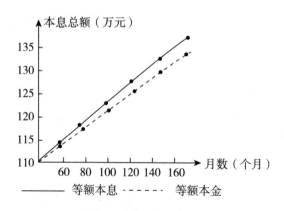

图 1　本息总额比较图

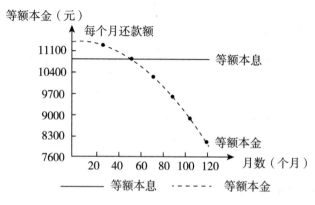

图 2　每月还款额比较图

五、结论

以月薪 1 万元为例进行分析，如果家庭收入稳定，则选用等额本金的还款方式，因为等额本金随着时间的推移，需要还款数额越来越少；如果家庭收入不稳定，则最好选用等额本息的还款方式，因为等额本息每个月还款数额是一样的。

活动反思：

该活动是在数学必修五《数列》讲完之后组织开展的。因为高一学生知识储备较少，所以采用了教师选题的方式。选题紧跟社会热点，能够在活动主题上吸引学生的兴趣；在内容上，与学生课程内容相对应；在知识应用层面，容易让学生参与。从活动报告上看，学生能够先通过网络学习等额本息以及等额本金两个概念，然后用数列求和的知识，分别得出两种贷款的每月还款数量公式。

在对这两种还款方式进行比较的过程中，因为数据较大，人工计算难以实施，学生利用了 EXCEL 软件进行计算，从而得出数据进行比较。

在进行比较的过程中，学生既采用了表格比较，也使用了图像比较，具体把两种还款方式在不同贷款时间上进行了比较，形象、具体。

基于学生现有能力，得出的结论并没有很大的科研性，但是能把新知——数列知识应用到现在的社会热点问题上，学会了使用互联网工具查阅资料，弄清了两个基本概念，使用了数学工具——表格、图像进行比较。这比做一道复杂的数学题要更具系统性，更有意义。

参 考 文 献

［1］郑毓信．新数学教育哲学［M］．上海：华东师范大学出版社，2015．

［2］张广君，孙琳，许萍．论生成教育［J］．中国教育学刊，2008（2）．

［3］弗里德曼．中小学数学教学心理学原理［M］．陈心五，译．北京：北京师范大学出版社，1987．

［4］张思明．理解数学［M］．福州：福建教育出版社，2012．

［5］赵冬歌．关于"高中学生数学建模"的评价［D］．北京：首都师范大学，2005．

［6］许晴．指导教师视觉下高校本科毕业论文质量考察［D］．长沙：湖南师范大学，2016．

［7］林亚南．北京市课外科技活动学生论文分析［D］．北京：中央民族大学，2016．

［8］高凯博．高中数学建模论文评价研究［D］．北京：首都师范大学，2009．

［9］徐稼红．中学数学应用与建模［M］．苏州：苏州大学出版社，2001．

［10］中华人民共和国教育部．普通高中数学课程标准（2017年版）［M］．北京：人民教育出版社，2017．

［11］孟召平．初中数学实践活动的研究［D］．济南：山东师范大学，2005．

［12］魏利雪．数学活动经验及其教学策略研究［D］．石家庄：河北师范大学，2014．

［13］蒋恩芳．普通高中数学模块课程实施的研究［D］．重庆：西南大学，2012．

［14］沈丹．八年级学生数学交流能力的调查研究［D］．上海：华东师范大学，2014．

［15］赵娅玲．高中数学实验教学的实践与探索［D］．上海：上海师范大学，2009．

［16］王荔．小学英语活动课程设计与实施研究［D］．天津：天津师范大学，2009．

［17］赵微．初中"物理实践活动"初探［D］．北京：首都师范大学附中，2000．

［18］项奎东．关于中学数学建模的教学研究［D］．昆明：云南师范大学，2007．

［19］叶学辉．新课程标准下的高中数学课程研究［D］．呼和浩特：内蒙古师范大学，2007．

［20］顾鑫盈．初中数学"课题学习"的认识与思考［D］．金华：浙江师范大学，2005．

［21］熊廷英．在物理实践活动中培养学生综合素养［D］．溧阳：江苏溧阳戴埠初级中学，2010．

［22］谢先成．基于核心素养的《普通高中数学课程标准（2017年版）》解读——访数学课程标准修订组组长、东北师范大学原校长史宁中教授［J］．教师教育论坛，2018，31（06）：4－7．

［23］冯幸，刘劲松，江秀珍．浅议初中物理"探究活动"［J］．科技信息（科学教研），2008（10）：275＋277．

［24］梅红．高中新旧课程解析几何部分比较研究［D］．苏州：苏州大学，2011．

［25］贾随军．新数学课程实施中活动教学的研究［D］．重庆：西北师范大学，2003．

［26］朱敏龙．核心素养下数学教学中的六个"不等式"［D］．南京：江苏省南京市第二十九中学初中部，2018．

［27］尹伟伟．例谈高中学生数学建模素养的培养——基于一节校本课程的教学实践与教学思考［D］．张家港：江苏省张家港市沙洲中学，2018．

［28］戚永委．高中数学课题学习的教学研究［D］．济南：山东师范大学，2007．

［29］马长茂．课外活动是实现物理新课程教学的重要环节［D］．广州：南石

中学，2014.

[30] 杨永国. 浅谈初中数学中探究能力的培养 [D]. 黔南：贵州省福泉市实验学校，2018.

[31] 王宪廷. 语文新课程活动性学习探索 [D]. 济南：山东师范大学，2005.

[32] 康世刚. 数学素养生成的教学研究 [D]. 重庆：西南大学，2009.

[33] 冯伟贞. 高中数学实验活动选编 [M]. 北京：科学出版社，2016.

[34] 弗赖登塔尔. 数学教育再探 [M]. 刘意竹，杨刚，等，译. 上海：上海教育出版社，1999.